编写委员会

顾　　问：罗　定

主　　编：曾友祥

副 主 编：王大伟　蔡力可

执行主编：王定慧　郑晓华　邹　浩　杨成达　罗　辉
吕云龙　谭进伟　何益耀　李　杨　邵鸿钧
李志辉　马敏俊

编　　委：丁　宁　郭荣荣　龙瑛瑛　林家斌　罗春燕
邱原顺　李崇民　缪　鸣　杨伟国　孙志阳
程金凤　林昭延　吴雁军　容倚雯　吴凯敏
戴陈敏　魏子洋　陈青奋　杨燕玲　蔡颖欣
许展鹏　余俊杰　潘东林　王本成

百年侨校 立德树人

暨南大学教育学院南方信息中心学子成长录

筑梦暨南 悦动青春

ZHUMENG JINAN
YUEDONG QINGCHUN

曾友祥◎主编

暨南大学出版社
JINAN UNIVERSITY PRESS

中国·广州

图书在版编目（CIP）数据

筑梦暨南，悦动青春：暨南大学教育学院南方信息中心学子成长录/曾友祥主编．—广州：暨南大学出版社，2018. 12
ISBN 978-7-5668-2137-9

Ⅰ. ①筑…　Ⅱ. ①曾…　Ⅲ. ①活动课程—高等学校—文集　Ⅳ. ①G642. 3-53

中国版本图书馆 CIP 数据核字（2017）第 152016 号

筑梦暨南，悦动青春：暨南大学教育学院南方信息中心学子成长录
ZHUMENG JINAN，YUEDONG QINGCHUN：JINAN DAXUE JIAOYU XUEYUAN NANFANG XINXI ZHONGXIN XUEZI CHENGZHANGLU
主　编：曾友祥

出 版 人：徐义雄
策划编辑：李　战
责任编辑：李倬吟
责任校对：周海燕
责任印制：汤慧君　周一丹

出版发行：暨南大学出版社（510630）
电　　话：总编室（8620）85221601
　　　　　营销部（8620）85225284　85228291　85228292（邮购）
传　　真：（8620）85221583（办公室）　85223774（营销部）
网　　址：http：//www. jnupress. com
排　　版：广州市天河星辰文化发展部照排中心
印　　刷：深圳市新联美术印刷有限公司
开　　本：787mm×1092mm　1/16
印　　张：8. 25
字　　数：193 千
版　　次：2018 年 12 月第 1 版
印　　次：2018 年 12 月第 1 次
定　　价：45. 00 元

序

暨南大学是中国第一所由国家创办的华侨学府，是目前全国境外生最多的大学，是国家“211 工程”重点综合性大学。

“暨南”二字出自《尚书·禹贡》：“东渐于海，西被于流沙，朔南暨，声教讫于四海。”意即面向南洋，将中华文化远播到五洲四海。

素有“华侨最高学府”之称的暨南大学，恪守“忠信笃敬”的校训，注重以中华民族优秀的传统道德文化培养、造就人才。学校积极贯彻“面向海外，面向港澳台”的办学方针，建校至今，共培养了来自世界五大洲157个国家和港澳台地区的各类人才20余万人，堪称桃李满天下。学校学风浓郁，人才辈出，享誉中外。

暨南大学教育学院南方信息中心的诞生和发展，是暨南大学贯彻《国务院关于大力发展职业教育的决定》精神，认真落实科学发展观的重要举措，与暨南大学重人品、厚基础、强能力、宽适应的人才培养指导思想一脉相承，是整合政府、社会、学校等各方优势资源，为国家培养、输送高素质复合型人才的创新项目。

在暨南大学党委和校领导班子的正确领导下，暨南大学教育学院南方信息中心秉承暨南大学“博学慎思，明辨笃行”的精神，发扬创新、创业和创造的人才培养优良传统，始终坚持“以学生为中心，以质量为核心”的办学宗旨，以雄厚的师资力量为坚实后盾，积极探索教育与培训一体化的教学方式，努力构建完善且独具特色的创业人才培养体系。

暨南大学教育学院南方信息中心在采取传统大学授课形式的同时，更加注重加强技能实训，“以社会需求为导向，以培养从业能力为重点”，通过强化专业培训，有力保证学生高效通过各类相关职业技能考试，在拿到大学毕业证书的同时，获得多个职业技能等级证书，为成功就业打下扎实基础；通过推动校企合作，努力为更多学生提供进入企业实习的机会，帮助学生切实提高实操能力，真正实现“人才培养与企业岗位需求无缝衔接”。

为此，暨南大学教育学院南方信息中心精心设计独具特色的“青云路计划”作为培养人才的模式，旨在使学生重新认识生命的意义，明确人生的目标，找到人生的方向，掌握转变的规律；学会倾听，学会赞美，懂得感恩父母，激发热情，释放学习潜能；学会制订学习计划并有效管理时间，提升综合学习能力；着重帮助学生开阔国际视野，提升综合素质，实现德智体美劳全面发展。

暨南大学教育学院南方信息中心“青云路计划”的具体措施如下：

第一，加强长期学习交流的战略性合作计划，定期组织学生赴香港大学、香港科技大学、香港中文大学等多所高校交流学习，聆听香港高校资深教授和世界500强企业高管的专业演讲，共享知识盛宴，感受文化碰撞，激起思想火花；开设外教口语课程，全面提升学生的英语口语表达能力、交际能力和思辨能力，并让学生通过与外教的互动，了解外国风土人情，从而增长见闻，拓宽国际视野。

第二，科学设置课程，培养复合型人才。暨南大学教育学院南方信息中心实行主辅修学制，即学生在主修暨南大学本科课程的同时，可以辅修另外一门专业课程。例如，主修财务管理课程或土木工程，辅修工商管理等，充分利用学校优质的教学资源，完善学生的知识结构，提升学生的知识应用能力和就业综合竞争力，培养适应新时期要求的复合型人才。暨南大学教育学院南方信息中心不仅为学生提供了优质的学习机会，还利用暨南大学本身雄厚的师资力量，从各个学院聘请拥有教授、副教授职称的优秀教师为学生授课，使学生获得包括硕士生导师在内的名师指导。在培训课程方面，为提高学生的专业技能，确保学生考取各专业的中、高级职业资格证书，每位教授、专业主任针对学生的特点，精心打造了培养计划。同时，从学生入学教育开始，专业主任及各学科的知名教授定期举行专业讲座，分段向学生宣讲学习目标和学习要点。在教学管理上，暨南大学教育学院南方信息中心更是要求严格，除了一丝不苟地完成学校每周安排的例行教学检查工作外，教务员和辅导员还积极配合任课教师的课堂点名工作，确保学生按时出勤，认真听讲，学有所获。这些潜移默化、循序渐进的教学手段，促使每个学生在课堂学习中逐渐领悟“博学慎思，明辨笃行”的治学精神。每年评选出“十大学习标兵”，各班级每学期评选出总分前三名和专业成绩前五名。

此外，暨南大学教育学院南方信息中心还通过开设高尔夫球课、网球课、礼仪课、舞蹈课、马术课、足球课、垒球课、大学生就业培训课等一系列特色课程，培养学生的高雅情操与爱好，促进学生全方位发展，不断提升综合素质。

第三，注重人文关怀，提升人文素养。通过每个月举办特色主题班会，每个学期组织班级出游等丰富多彩的课余活动，营造团结、活跃、积极、和谐的良好氛围。辅导员每天晚上坚持检查宿舍，关心学生身心健康，让学生们感受到无微不至的关怀和家一般的温暖。任课教师和辅导员重视与学生的交流互动，经常与学生们聊天谈心、参加活动、推荐好书、分享心得等，在言传身教中引导学生学会如何学习、如何做人、如何处事。

我们的目标是通过在暨南大学教育学院南方信息中心的学习，学生能够接受高质量的教育；通过独具特色的“青云路计划”，让学生产生更强烈的归属感；通过四年的学习实践，把学生培养成为社会主义事业合格的建设者、可靠的接班人、高素质的优秀人才，让每个学生的成才梦得以圆满、理想得以实现、自身价值得以体现。

正是这种以人为本、务实创新的教育模式，以及“亲爱精诚、团结合作、爱国爱校、追求卓越”的理念和氛围，吸引了一批批学生加入暨南大学教育学院南方信息中心这个大家庭。他们大多有着寒窗苦读却未能收获理想成绩的经历。他们失意过、彷徨过，然而，“人生低谷莫绝望，上帝在此关门，必在别处留窗”，他们选择了暨南大学教育学院南方信息中心这片能让他们茁壮成长的沃土。在这里，他们在老师们的教育关怀和同学、班集体的热情友善中，逐渐找回了自信，插上希望的翅膀，再次展开追梦的旅程，消沉后的崛起令他们更加坚忍不拔、一往无前，在人生的天空中尽情飞翔。

历经几年的发展，暨南大学教育学院南方信息中心团队在磨砺中更加成熟精干，学生们也在老师的教导下自强不息，不断成长。他们把成长中的点滴收获诉诸笔下，一篇篇充满真情实感的文章无不展现出学生们的善良、真诚、热情、慎思，字里行间洋溢着青春气息，处处呈现积极向上的精神风貌。我们相信，暨南大学教育学院南方信息中心的每个学生都具备无限的潜能，必将创造一番新的天地，成为推动社会发展的一支生力军。为此，我们特将学生们的成长感悟汇编成册。本书由暨南大学教育学院南方信息中心组织编写，这是学生的成长录，也是凝聚暨南大学教育学院南方信息中心全体成员智慧结晶的纪念册。

曾友祥

2018年9月

目录

CONTENTS

一、漫步暨南园

（一）校园地图

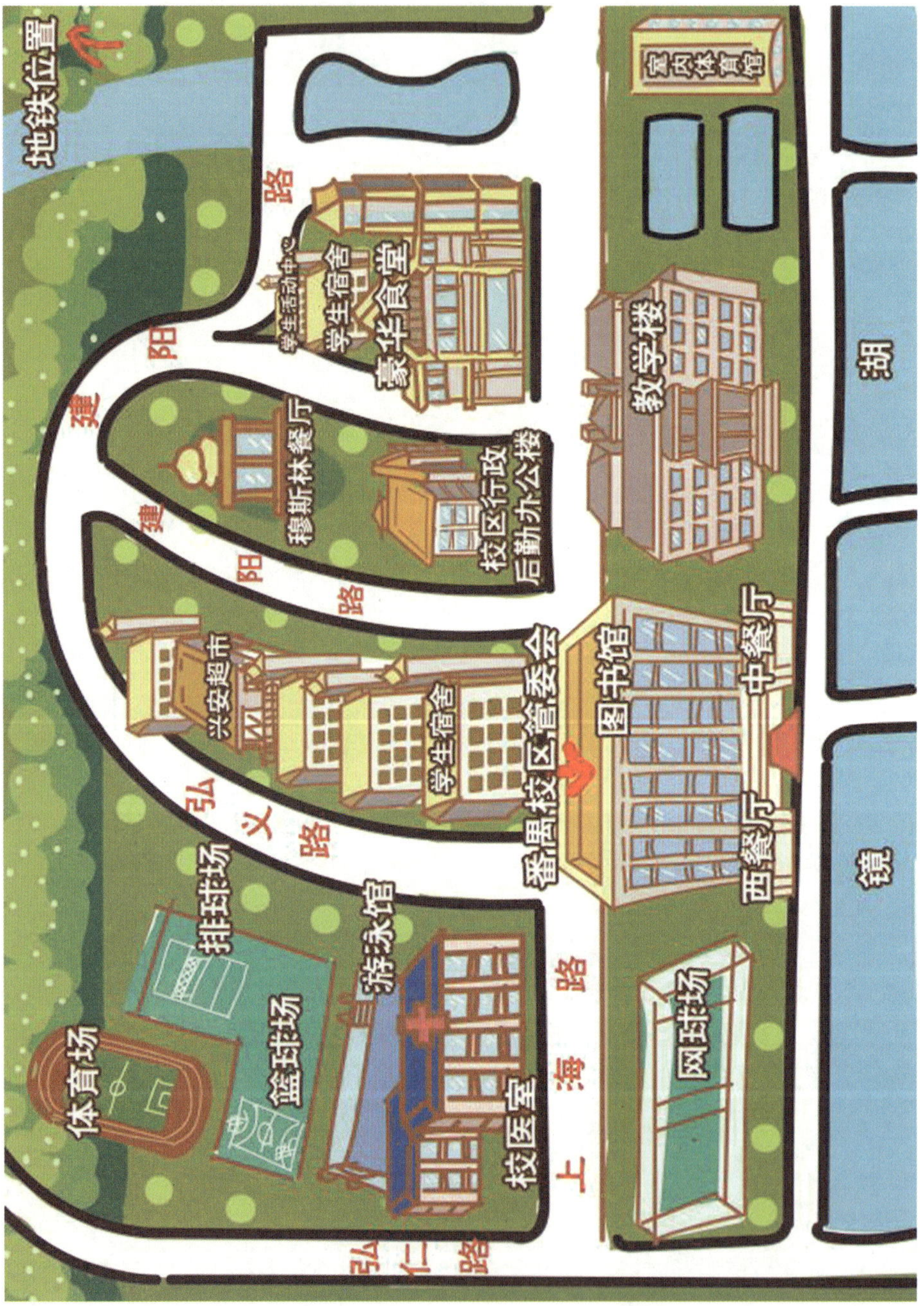

暨南大学番禺校区一角（手绘图）

（二）校园美景

百年暨南

暨南大学番禺校区校门

宽敞明亮的教学楼

书盈四壁的图书馆

宿舍楼

行政楼

美味食堂

优雅双桥

篮球场

蓝天碧水游泳池

校园侧影

校园雕塑

体育馆

网球场

教学楼 （珠海校区）

学生活动中心 （珠海校区）

学生宿舍 （珠海校区）

图书馆 （珠海校区）

体育馆 （珠海校区）

足球场 （珠海校区）

二、学子足迹

（一）大学情怀，探索圆梦

长风破浪会有时

2015级金融管理　唐华荣

有人曾经说过：“如果大海是水的原野，那么草原便是草的海洋。”当我踏进朝思暮想的暨南大学，脚踩着校园芬芳的泥土，望着那几朵缓缓飘向地平线的白云，我明白，这就是我自由的原野，这就是我畅游的海洋。

我想，我的青春应该在这里绽放，我的梦想应该在这里放飞。

高尔基说过：“青春是一个普通的名称，它是幸福美好的，但它也充满着艰苦的磨炼。”为什么？因为我们有梦想！每个人的梦想不同，道路也不同。虽然我们梦想的道路不会是“潮平两岸阔”“天高任鸟飞”，但是我不会畏惧，青春是我们最接近梦想的时光。而身为暨南大学的学子，学校这一摇篮将给予我们激情，激发我们的斗志。纵使前方道路充满荆棘和坎坷，我们也能手握学识与勇气铸造的利剑，所向披靡！

不可否认，每个人都会有如龙应台所描述的这一时期：如同小路上迷失了方向的蚯蚓，辗转爬上了柏油路面，却由于不习惯路面的坚硬，就忘了自己究竟来自哪里，要往哪里去。但我们不要迷茫，暨南大学这一伟大的学府，就是我们的常青藤。一个人可以选择在生活的波涛中能屈能伸，或是在青春的锋芒中飞舞张扬，或是选择宁静以致远。无论何种方式，请相信，大学是青春的象征，是朝气与阳光的源泉，是我们梦想的续航地，是我们青春的承载体！

从小，“少年强则国强”这句话就深深地烙在我的心里！当我们慢慢地褪去童真，学会扛起自己的责任，当我们朝着自己的梦想奋发前进，我们就是光辉岁月里当之无愧的勇者！狄更斯说：“这是一个最好的时代，也是一个最坏的时代。”我们要拥有足够的资本和足够的能力去拼搏，摘取那颗属于自己的果实。

时光匆匆把人抛，红了樱桃，绿了芭蕉。每个人都应该珍惜大学这段短暂而美好的时光，像一棵树，将自己坚实的根扎进这片肥沃的土地，不断地充实自己。人的一生是一场没有彩排的现场直播，暨南大学赋予我们耀眼的舞台，我们就应该抓住机会，毫无保留地展示最耀眼的自己！如此美好的青葱岁月，如此美好的大学生活，我们着实不应该浪费。认真地上好每一节课，认真地完成每一份作业……每天的坚持，都会一点一滴地汇聚成我们心中自由的原野、畅游的海洋。

曾经我们都年少轻狂，激情满溢，热情奔放，后来岁月会磨平我们的棱角，会击退我们的热情，但是带给我们的将会是最实在的沉淀，最终呈现一个更加纯净、优质的自己。只要有梦，只要敢追，长风破浪会有时！

仰望星空，珍惜青春，追自己的梦。
脚踏实地，舞动青春，圆自己的梦。
让我们一起，筑梦暨南，悦动青春！

大学之于我，灵魂摆渡者也

2016级商务管理　刘红麟

流金九月，灵魂飘渡至此：只见沧山映水，枫叶流丹，碧瓦雕甍，钟灵毓秀……我本是在寻找人生的归宿，却在此驻足。暨南大学，愿你成为我的灵魂摆渡者。

漂泊久了，我才知道成长的很大一部分是接受——接受它所带来的分道扬镳，接受岁月的流逝，接受长大。但是，终结是一轮圆满的相遇。我们总会品尝交替着的苦与甜。我忍不住笑了，我在暨南大学的生活便是如此：它会是充实的四年，有滚烫的梦想，有熬夜奋斗与成就相伴的惊喜，有学习氛围浓厚的图书馆，有相互嫌弃但不会走散的朋友，有一生都想要在一起的人，有主见、有担当，每天都可以活得灿烂，每天都不会后悔。

别人告诉我，这是一个安全的社会。我在这个社会扮演着一个新生的角色，却不知怎样去让自己发光发热。

那就做一棵三毛笔下的树吧。毕竟换了圈子，便不再受宠，不再有底气去争夺众目睽睽之下熠熠的王冠。暨大校园里卧虎藏龙，为此我既不敢锋芒毕露，也不甘归于平庸。不如就像一棵树一样，没有大起大落的情绪起伏，在土里留下一份知足的安详，在风中尽显飞扬的青春。沉默之下不是金，是万年常青的骄傲，既然不枯不朽，便不依靠也不寻找，在低调中慢慢变得家喻户晓。

那就做一个有责任的绅士吧。毕竟绅士就是，所做的不是自己想做之事，而是自己应做之事。村上春树告诉我们，每个人的心里都有一片属于自己的森林，迷失的人就迷失了，相遇的人会再相遇。大学，无非就是将这片森林扩大，把将要遇到的人变多。而绅士，就是要遗忘和原谅迷失的人，珍惜相遇的人，祈愿多年后彼此还是老友，同台共饮一席酒。绅士应该感谢每一个让他蜕变的人，无论方式好坏。在暨南大学，我愿像个绅士一样，只喝有感情的酒，只交有故事的朋友。

高中三年就像一封信，而我就是邮差，最后一双脚惹尽了尘埃，忙着去护送，来不及拆开信。我不想我的大学也是如此，所以，“花开堪折直须折，莫待无花空折枝”。哪怕是一场梦，也一定要梦到我快马加鞭都去不了的远方。说到梦之大学，最好是竹林一片，美酒一壶，画屏一展，好友一位，小酌必行令，宴会必对诗，再来野花二三，落梅四散，万里远山——这一切，我都能在暨南大学找到，也许，我的梦并不会很远吧。

我在晚舟上，点燃最后一盏灯。总该不忘前程，热泪盈眶地走。

若我的大学生活果真如此，也许将来两鬓斑白时，在翻开的泛黄残卷里，我的字里行间有诗酒，有素琴，有波澜，有太平，却唯独没有了大学里的样子。看破后方知，浪荡是你，清明是你，癫狂是你，皈依亦是你。这大学的时光，一定会将我的灵魂摆渡。而我那困于囚笼的梦想，也终将被救赎。

青春在暨南“悦动”

2016级金融管理　贾璐

雨淅淅沥沥地下，我沿着雨水串成的时光轴，悠悠地踱回昨日的世界。

回首过去十八年的岁月，跌跌撞撞、嘻嘻闹闹，谈不上有什么遗憾和失望，我打心底觉得我这一路走得踏实、舒心，对未来的日子也“有盼头”。现在进入了暨南大学，接受着各位老师思想上的洗礼，每日走在学校主干道上，我感觉自己身上有满满的正能量。我忙碌着，亦收获着。

《钢铁是怎样炼成的》中有这么一段话：“生活赋予我们的一种巨大的和无限高贵的礼品，这就是青春：充满着力量，充满着期待、志愿，充满着求知和斗争的志向，充满着希望、信心的青春。”的确如此，青春是人生最美好的季节，是人生最铿锵的篇章。青春的我们意气风发，青春的我们敢为人先，青春的我们斗志昂扬！

我成长于努力奋斗的苦日子，也成长于反省明亮的好日子，我做不了高尚无私的大人物，但我可以成为自强自立的小人物，我从生活的点点滴滴里学会成长，学着把遇见的“小伟大”变成“大伟大”，我圈子里的朋友都是我学习的榜样。我想，未来的日子会更美。寸草青青，桃李飘香，世界美，人更美。“筑梦暨南，悦动青春”，我对此充满期待。

每天从我们身边悄然流逝的，不只有那些夜空中的流星，还有我们的青春。流星在划过夜空的一刹那，已经点燃了最美的青春。所以，我们要拒绝平庸，告别无为。

有人说：“流过泪的眼睛更明亮，滴过血的心灵更坚强！”青春又何尝不是呢？只有以辛勤的汗水浇灌，以奋斗的血水培土，开在磨难之上的青春之花才最美丽，美得动人心弦，美得令人神往！那些以青春为代价，终日沉迷于虚幻的人永远不懂青春的真谛！青春不是奢靡，青春不是颓废。青春理应折腾、理应奋斗。我们在大学要热血拼搏，努力学习，只有这样才不会辜负花样年华！让我们在阳光明媚的日子里愉快地歌唱，在花开的日子里遨游知识的海洋，一起编织我们美丽的梦想。激情，让我们的青春在阳光下尽情地绽放！

眼前淅沥的小雨止住了它的飞舞，一束阳光洒落在我的肩上，我悠悠地踱着步，感受着阳光的温暖。

孕育梦想的四季暨南

2016级艺术设计　邓婉桐

2016年9月30日，暨南大学建校110周年庆典晚会节目初次审查在礼堂顺利开展。饶敏副校长，学生处区向丽处长，学生处张文龙副处长，校庆晚会特邀编导饶国晶、来岚老师以及校友王伦导演莅临现场进行指导审查。距离这场对于暨南学子而言意义非凡的庆典仅剩一个多月的时间，今年的校庆晚会有什么特别的看点呢?

一开场，学生艺术团管乐团的同学便以行进演奏的方式，迈着整齐的步伐穿过观众席，并变换着不同队形。

随后是国际学院留学生龙狮队和体育学院龙狮队闪亮登场，带来了一段精彩的舞龙舞狮表演。只见队员们高举着龙头、狮头出场，配合着强劲有力的鼓声节拍，一会儿弯腰行进，一会儿上下跳跃，全场洋溢着喜庆热闹的气氛。随后的歌唱节目，更是百花齐放，异彩纷呈。不仅有学生艺术团、声乐团的同学们带来的高水平演唱，还有学校教授、博士研究生代表、离退休职工、暨南大学附属小学的小朋友们共同献唱的生日祝福歌和校歌。审查现场优美的歌声回响不断，余音绕梁，温情脉脉。

舞蹈类的节目也相当耀眼。拉丁舞热情似火、民族舞风韵十足、街舞激情四射……除此之外还有优秀的国际土风舞展示，以及与武术融合的新式舞蹈，令人充满期待。

通过赏心悦目的节目，我深深地体会到了暨南大学的辉煌。

虽然我是一名默默无闻的学生，但在暨南大学浓厚的学术氛围影响下，我种下了我的梦想，一个希望收获丰硕果实的梦想。

岁月划过斑驳的墙壁，刻画出几道细浅的纹理；时光掠过清浅的池水，泛起层层动人的涟漪。我一直在等待，等待我的梦想抽芽、开花，直到结果。

南归的大雁衔来一片深情的絮语，和着绵绵的细雨，伴随着微润的泥土气息，就这样，春天来了。我将一颗梦想的种子种在心田，静静地等待。我用温暖的书香为它筑一个小窝，用饱满的墨汁浇灌着它。隐约地，我仿佛看见它已经长出稚嫩的芽儿，正在向我招手。

细密的花香铺天盖地地席卷而来，没有一丝征兆，夏季悄然降临。强烈的阳光并没有灼伤我的皮肤，可是脆弱的梦想却屡屡受袭。果真，没过几天，我的梦想生病了。每天我都能听到它哭泣的声音，像是害怕我会丢掉它。噢，我亲爱的梦想，我怎么会抛弃你呢？你是我的梦想啊，你是我最纯真的梦想啊！不要伤心，不要难过，我将永远守护你。梦想听了之后安静下来。我用浩瀚的知识让梦想充实，我用辛勤的汗水把梦想孕育。不久，它痊愈了。我们继续在微风中起舞，静静等待深秋的降临。

火红的枫叶随风飘落，深秋宣誓着它的到来。我的梦想，也早已开花，静谧的花瓣接受了萼片的求舞，唯有高傲的茎依旧不蔓不枝。我爱着秋天，爱着这收获的秋天。总是有人埋怨秋天的萧瑟，可是谁又能体会我们这些收获的人的喜悦呢？我努力的汗水终究没有白费，我的梦想结出了丰硕的果实。喜悦，喜悦，喜悦！

以梦为马，不负韶华

2016级艺术设计　黄宇雪

有这样一个故事，一位叫薛瓦勒的乡村邮差，每天奔走在乡村之间，每天都要走崎岖的山路，而且每次都要拾上一些光滑的石头，心里默念着要用这美丽的石头建造一座属于自己的城堡。他坚持不懈，日复一日，年复一年，乡村里的人们都觉得这是不可能的事。但最后，矗立在眼前的城堡见证了这样一个不可思议的梦想。

来到暨南大学的我也一样，在这四年，我要实现自己的愿望，成就自己的梦想。暨南大学就是我梦想的出发点。只要有了愿望，就有了通往“城堡”的动力，有了坚持不懈的信念。

我经常问身边的朋友，他们脑海里生长着一个怎样的梦想。但他们展现给我的往往是一副懵懂的样子，然后告诉我：“我也不知道。”这时我便陷入无奈和困惑之中。那么，作为大一学生的我们到底需不需要梦想？

有人认为，活在年轻的岁月里并不太需要梦想，因为我们都不太能读懂外面的世界，有很多事情都跟我们心里想的不太一样，我们所谓的梦想不过是一些不切实际的想象罢了，没过几天，可能又改变了想法。想象与梦想虽然美好，但对我们而言其实并不重要。

年轻真的不太需要梦想吗？年轻时的梦想虽然不能对将来做出保证，但它能丰富我们的头脑，充实我们的时光，同时也为我们的成长历程贡献点点滴滴的经验，给予我们前进的动力，甚至日后我们回忆起，会为曾经的努力、付出感到骄傲。看着一个又一个的梦想在我们大学的生活里慢慢成长或者枯萎，其实也是一种考验、一种选择、一种成长。

我们活在当下，活在青春里。大学生活需要梦想的陪伴，需要梦想带来的动力。童年时因为有了梦想，我学会了放风筝、溜冰、书法、游泳……青年时因为有了梦想，我学会了阅读、观察、探究、交际……有了梦想，我们才更接近生活，更好地体验生活。

我们的大学梦，是一个简单的信念，是一份对自己未来与生命的责任。也许是20岁的豪情壮志，也许是青春期的迷茫与冲动，也许只是一份平淡的渴望——渴望掌声，渴望成功。无数的“也许”，无数的“渴望”，使我们的青春岁月充满奇迹，我们心中大大小小的梦想，在大学生活的每一个角落里弥漫芬芳。

亲爱的朋友们，回眸自己一路的成长，还记得每一个梦想带来的悸动在生命中留下了怎样的足迹吗？

无论岁月在我们脸上刻下多少痕迹，无论世事在我们胸口划过多少伤痕，只要我们还在呼吸，就拥有追求梦想的激情；只要我们还有生存的氧气，就拥有缔造激情的勇气！

“落红不是无情物，化作春泥更护花。”选择坚持，选择珍惜，选择成就生命的激情，勇敢地成就心中最初的梦想。

坚守梦想，勇攀高峰

2015级金融管理　王妙媚

当我们年少的时候，踌躇满志，带着“初生牛犊不怕虎”的勇气，大言不惭地说着“给我一个支点，我就能撬起整个地球”。然而随着时间的流逝，我们进一步接触社会、接触生活，发现现实并不如想象中那么美好。渐渐地，我们原有的豪情都化为苦闷与迷惘，有人把自己曾经的梦想放在心底，选择一条看似是“捷径”的人生道路，向现实做出妥协和让步；也有人因为现实的不如意，选择逃避，在网络中寻找精神寄托，浪费了大好的青春时光。梦想的萎缩不仅使我们的青春年华变得乏味，更是对自己的不负责任。

上了大学，没有了高考的指挥棒横在那里，曾经有段时间我过得有些懈怠。想偷懒的时候就安慰自己明天可以再努力，我总以为时间还有很多。别人取得成绩的时候我还一事无成，别人为梦想拼搏的时候我还在原地踏步，这时我才恍然大悟：原来不再回头的，是我们的青春。我们有幸拥有这四年大学时光，但多少人的四年已一去不复返；还有多少人在为能拥有这四年而埋头于题海和各种各样的考试中呢？当初我们从这种忙碌的状况中走出来，走进许多人梦寐以求的大学，难道现在要把这宝贵的四年白白荒废吗？

青春是一笔巨大的财富，谁越是有效地利用它，谁的人生价值就越大。不要以为青春是一个很轻松的话题，以为你拥有的一切都是理所当然的，你的生活可以随心所欲。你拥有青春，就意味着你肩负着一份青春赋予你的责任，一份祖国未来需要你的责任，一份必须对自己、对父母、对家庭承诺的责任。当然，责任也好，梦想也好，只有建立在行动的基础上才不至于变成空谈。有了梦想和追求，我们才不会迷失方向；而有了责任感，我们才会有前进的动力。

许多年以前，伟大的英国探险家，最后死在珠穆朗玛峰的乔治·马洛里，当被问到为何要攀登这座高峰时，他回答："因为它在那里。"

太空在那里，我们决心探索；月亮和行星在那里，我们决心冒险。同样，获取新知的明天在那里，实现梦想的新希望也在那里，不要害怕布满荆棘的道路，年轻的我们定能走上康庄大道；不要害怕生活的磨难艰辛，拥有梦想的我们经得起平淡的流年；不要害怕责任的沉重，要相信自己能够全力以赴。

在今天这样一个机会与竞争并存、希望与困惑交织的时代，如何实现自我价值，履行好社会和家庭赋予的责任，是摆在我们每个人面前的课题。我们应当在青年时期多做一些有意义的事情，等到多年以后回过头来看，我们可以骄傲地说："我问心无愧！"

不忘初心，方得始终

2017 级工商管理　温梓丞

每个人都有自己的梦想，而我的梦想就在这里——暨南大学，它是我梦寐以求的大学，它深厚的底蕴和智慧的气息深深吸引着我。简简单单的校训"忠信笃敬"源于《论语·卫灵公》："言忠信，行笃敬，虽蛮貊之邦，行矣。言不忠信，行不笃敬，虽州里，行乎哉？"这是用传统文化对学生进行道德品行与人生修养的熏陶。我喜欢暨南大学，因为在这里，它让我领悟到一些人生道理，从而成为有道德、有修养的人。

不知不觉，我进入暨南大学已经有三个多月了。还记得刚来的时候，当我踏入校门的那一刻，我的内心是复杂的，既喜又忧，喜的是我来到了自己梦寐以求的大学，我喜欢这里，这里是一个非常好的平台，有来自四面八方的人，可以很好地展示自己的才华，锻炼自己的能力；忧的是，从此以后，我便要离开家人，开始独立的生活，我曾经的那些朋友不能再陪伴在我的身边，我相信一开始很多人都会有这样的感觉。然而，我并没有让这种情绪延续下去，慢慢地改变了这种想法。大学是一个新的开始，后来我加入一些社团，认识了许多新的朋友，生活渐渐变得充实起来。

以前的我不怎么爱看书，但自从我进入暨南大学后，就被充满书香的校园氛围感染，开始爱看书了。我发现如果一个人在大学里没有好好利用图书馆的资源，那就等于白白浪费了一大笔财富。图书馆藏书丰富，为我们提供博览群书的机会，我们应该好好利用。就像我的导师林老师说的那样，要善于在书中汲取知识，经常阅读会提高一个人的思维能力。我很高兴能有这样一位导师，在我遇到问题的时候，他总会伸出手拉我一把；在我迷失方向的时候，给我指明前进的道路。也许这就是成长，从无知迷茫到渐渐有了目标和方向。也许在成长的道路上，有时我们会不如意，但是如果给自己定个小目标，给自己做一个规划，当目标实现的时候就会发觉，原来一切不如意、一切困难都只是对我们的考验。它们是成功路上的绊脚石，我们唯有经历过风雨才能看见彩虹！

我们的青春就是由一点一滴积累而成的。青春给予我们的力量是坚持。因为它，我们遇到困难的时候才不会畏惧；因为它，我们才发现了生命的真谛。有人说青春代表激情，但我更想说的是，因为坚持，我们在激情过后学会了安稳，学会了冷静地看待问题和处理事情，我们的内心变得更加强大！

对于青春，每个人都有自己的看法，虽然其中会经历酸甜苦辣，但我认为青春是温暖而美好的，经历过后回想起来会感到很甜。青春与梦想是一个等价交换，你为青春付出多少就能够实现多少梦想，我要付出全部的青春，浇灌我梦想的种子！

我相信，不忘初心，方得始终。

青春在暨南飞扬

2018级艺术设计　蔡宛津

金秋岁月，暨南大学迎来了新学期，迎来了新同学。新生们神采焕发，穿着亮丽的蓝装，被亲切地称为“蓝精灵”，在操场上打着整齐划一的暨南拳，展示着暨南大学新生的精神和风采。暨南大学新一届的学子在操场上、在校园里开始挥洒青春，播撒梦想。

马云曾说：“梦想还是要有的，万一实现了呢？”有了远大的梦想，才会有一个努力的目标和方向，但绝不能好高骛远。如果失去了梦想，那么人就如行尸走肉一般，没有了生存的意义。但我们必须区分梦想与空想，不然也是会迷茫的。我们的梦想应该具有可行性，我们定下目标，筑梦暨南，不能只是空口白话，我们应该努力去实现。每个人都有自己的梦想，只不过每个梦想实现的难度不同。有的人梦想很远大，而有的人只想保持现状。但这样是永远不会成长的，只有梦想才能成为前进的动力，有梦想的人会为了实现自己的梦想而努力，而没有梦想的人就不会去奋斗、争取。在实现梦想的过程中，有的人会被生活中一点小小的挫折给打败，而有的人不会，这些人会战胜挫折，重新振作起来。我深信他们都有梦想，虽然我不知道他们的梦想是什么，但是我知道他们都和我一样体会过实现梦想时的喜悦。梦想可以使一个贪玩的小孩子变得爱学习，梦想可以使一个处于犯罪边缘的浪子回头，梦想可以让一个人获得信心和决心。

同在暨南大学，谁的青春能少了奋斗？谁能在这绚烂多彩的青春年华中少了努力、激情和错误？谁的青春没有年少轻狂过？同在暨南大学，我们拥有梦想，抬头凝视未来和远方，向着那遥远但寄托着梦想的远方前进。在同一片天空下的一些人还在没有梦想的路途上迷茫，而我们却已经走在了筑梦的旅途上。

"忠信笃敬"是暨南大学的校训，这几个平凡的文字隐藏着不平凡的含义。它是暨南大学的德育理念，更是对学生的要求。

青春是人生最美好的时光，梦想是生命中最耀眼的阳光，为了梦想而奋斗的青春是最美好的风景。正是那千万颗奋斗的心，以及那千万双在天空中扇动的羽翼，装扮着最美好、最美丽、最珍贵的人生季节，将青春变成美好人生的出发点。青春为梦想插上最有力的翅膀，那么，有着青春与梦想的你和我不要再犹豫，不要再退缩，勇敢地面对未来和挑战，为了梦想的实现而奋斗，让青春谱写出一支无悔的歌。不要说自己没有梦想。年轻的我们拥有最灿烂的年华，拥有披荆斩棘的武器，所以，凭什么浪费青春？又有什么理由放弃梦想？然而有些人不是没有梦想，恰好相反，他们有着伟大的梦想，却一直躲在自己编织的世界里逃避现实而踟蹰不前，他们畏惧自己想象中的坎坷与打击，任凭梦想在时间的掩盖下生锈，甚至被腐蚀殆尽。

心有多大，舞台就有多大，"恰同学少年，风华正茂；书生意气，挥斥方遒"，这昭示着一代伟人奋斗的青春，他们的青春因充满奋斗和激情而洋溢着美好。而今，青春正握在我们手中，梦想就在我们心中，我们既然不能容忍青春白白流逝，不愿在叹息声中荒废了青春，不愿在犹豫不决中虚度生命，那么就让我们在青春时节奋发向上吧！

暨南情

2015 级艺术设计　罗颖仪

载歌载舞又是一年。年复一年，百万学子走上康庄大道。暨南大学迎来 110 周年校庆，来自五湖四海的校友都匆匆赶来，就为了看一看母校，他们曾在这里走过风风雨雨的四年。大学四年是人一生中为数不多而又一直缅怀的四年，为了同一个梦想、同一个目标，年轻的学子齐聚一堂，而在校庆这天，为了同一种怀念，他们再次相聚。

以前总厌烦在校的日子，总想着回家，而后来却无比怀念。在这里拥有的是纯真而朴实的情谊，没有人心不古，更没有善变而现实的社会风气。在这个大舞台上，我们可以展现风姿。感谢学校给予的平台，让我们能更好地成长。

我喜欢这里的人文气息，喜欢这里的环境。经过不懈的努力，坎坷早已变成了光辉，映照在您的细纹里，在那浅浅的细纹里，我看见了您的辛勤和汗水，向永远甘于奉献的您致敬。

您的无私，让所有学子没齿难忘。不管时隔多少年，有多远的距离，他们在校庆时依旧回到您的怀里，激动地看着您这些年来的变化，感慨着陪伴您的时光。每一次回眸，都带着深深的思念和感激。

似水年华，慨然而歌。我想，每一位校友都想大声地呼喊出自己内心深处的声音：“暨南大学，我想您了！我的母校！”我想他们一定会想起曾经无比憧憬着的大学生活，总会有叛逆的心态伴随，甚至几度渴望能够离开这个地方。如今，他们开始想念过去，想念这里，想念被包容、被呵护的日子。

曾经您呵护着稚嫩的我，期许着我成为参天大树。未来，就让我来报答您的恩情。感谢有这么一个地方，深藏着我们共同的回忆；感谢这里的老师，给予我们无限的机会和无私的关怀；感谢在暨南大学遇见的你们，让我懂得青春无价！

衷心祝福暨南大学与百万学子，前程似锦！

把握青春，织梦未来

2016级艺术设计　黄晓颖

暨南大学，对于我来说是一所理想的大学，带着梦想，我来到了这里。因为有梦想的陪伴，我们才能背起厚重的行囊，用汗水冲散痛苦，用信念铺就青春之路的辉煌。

当我踏进暨南大学时，我的人生历程又翻开了新的一页，我的人生理想将在这里树立，未来的发展将在这里奠基，美好的生活将在这里开始！人生总是要经历了、付出了，才会有收获，就像高考，它给了我很多，使我得以在美丽的大学校园中编织一个又一个美丽的梦。

有人说，大学就像一个小社会，错综复杂的关系犹如闪烁的霓虹灯，让人捉摸不透。我未曾用心去揣摩，只是听到的和看到的，已经能证明这句话的正确性。竞争犹如一条铁鞭，驱赶着我们走向功利之路，无论是朋友还是恋人，都在这样微妙的关系中扭曲了。人能走多远？这话不是问双脚而是问志向。人能攀多高？这话不是问双手而是问意志。步入大学的我们应该用青春的热血为自己树立一个高远的目标。成长的岁月，我们付出了太多；成长的岁月，我们也错过了太多。只有珍惜拥有的一切，生活才会更精彩，年轻的我们唯有尽心尽力做到无悔无憾，用心感受生活之美，才能托起心存已久的梦想。

就让我们把握青春，在这里锻炼自己，在校园中留下我们辛勤的身影吧！我们在这里得到的不仅是知识，更是人生中最宝贵的财富。让生命之花因为年轻而精彩，让青春因为活力而生辉。大学生活里，没有做不到的，只有想不到的，让我们尽情去发挥自己的才能吧！不让青春虚度，在每一天的生活里载入一点点收获，让自信的微笑浮现在我们的脸上，坚信付出才有回报，激情迸发精彩。

每个人的人生乐章都需要用心去谱写，我的人生要用自己的双手去创造，我的大学生活要用自己的方式活出精彩，我想用拼搏与汗水去赢得掌声！

这就是我的青春：不浪费在留恋处，不虚度在奢华中，不沉醉于甜梦里，不错过于五指间！

我的大学，充满乐趣和精彩；我的青春，充满激情和挑战！

活在当下，筑梦未来

2016 级艺术设计　徐东

“有些诗写给昨日和明日，有些诗写给爱恋，有些诗写给未曾谋面，但是在日落之前也从未放弃过的理想”，而我，想写给我如诗的青春，我的大学。

如果说人生是一本书，那么大学生活便是书中最美丽的彩页；如果说人生是一台戏，那么大学生活便是戏中最精彩的一幕；如果说人生是一次从降生到死亡的长途旅行，那么拥有大学生活的我们便可看到最灿烂的风景。朋友们，在这人生最美好的时刻，你是否已经扬起了风帆，正奔向理想的彼岸？你是否已经伸展开坚强的翅膀，正冲向自由的天空？你是否因进入大学而激动万分，心中许下一个心愿，并为之奋斗？

大学录取通知书和大学计划书相比，前者的吸引力不言而喻，所以直到现在我才从喜悦中平静下来，经历了三个月的等待、兴奋、平静后，我想我应该步入正轨了，先要完成这份大学计划书。想到高三时对大学的憧憬，现在有种说不出的感觉，我想现在的心情应该是踌躇吧，大学生活只能靠我们想象，偶尔从学长那里觅得一些信息，好的与坏的方面交织在一起，让我的心情更加忐忑，下面的计划也许只是我想象中大学的缩影，也许片面，也许空泛，但也能代表大学生活真正开始了。

大一，我想我还有点天真，还没有适应新环境，不过我想这些都不是问题。首先，大一的学习热情可能是最高的吧，因为对什么都感到新鲜。学习专业课肯定要加倍努力，英语也要学好，我觉得英语现在真的是万能的。其次，在生活上，要懂得节省，毕竟没有什么理财经验，容易浪费。再次，要与同学好好相处，我认为在大学里有几个关系不错的朋友真的是人生中的一笔财富。最后，要积极参与学校里的活动，当然是在时间允许的情况下，我想我会加入篮球社吧。大一的时候，一定要合理地利用好每一分钟，尽量让无聊的时间少一些，精彩的生活多一些，大一的生活结束前希望我写的这些都能实现。

有人说，大一彷徨，大二逍遥，大三惶恐，大四遗憾。但我觉得，如果经历了由蛮荒到充实的心理历程，经历了从读别人到读自己的灵魂升华，那么前方正延伸的铁轨，一边是阅读，另一边是人生，心灵的列车将勇往直前，永不停息！

放飞希望，超越梦想，让汗水与努力同在，让我的人生无悔于我的青春！

我的大学，不是梦！

大学，人生的一片净土

2017 级人力资源　梁文馨

父母说，大学是开启灿烂人生的敲门砖；老师说，大学是今后人生路的风向标；朋友说，大学是把人才变成庸才的地方；我说，大学是修炼自我的地方。

十年寒窗苦读，为的是什么？说实在的，我已经忘了，所以我不敢去面对父母殷切期望的眼神，不敢去面对老师严厉而期盼的目光。

在我的梦中，大学应该是尘世间的一方净土：春有百花争艳，夏有十里荷香，秋有累累金黄，冬有梅傲雪霜。在那里，我可以放飞自我，尽情追逐梦想，尽情在书海中徜徉。

在我的梦中，大学的空气可以让我的灵魂自由地呼吸，那里的气氛可以让我在知识的海洋中畅游。只有最纯粹的灵魂与最单纯的心灵，才能融汇崇高的理想，才能吸收最纯粹的知识。

在我的梦中，大学可以为我的梦想插上翅膀，可以为我提供丰富的精神养料，那应是一片沃土，孕育着万千知识青年，在那里应该只有纯粹的学术理念，不夹杂任何尘世的污秽。也许是我太过于理想，将大学想象得太美好，也许有人会告诉我，这样的大学不会有，现在不会有，以后也不会有。可是我要说，大学不是那一幢幢建筑，而应该是我们心中的治学圣地，心中有一块纯净的“大学”之地，世间处处皆可做治学之府。

我的大学，便是心中那块自由的土地，是可以让我为今后的人生征途做足准备的驿站。

寄梦暨南，无悔青春

2015 级金融管理　郑楚琪

今日，我们相聚于暨南；今日，我们欢笑于暨南；今日，我们拼搏于暨南。暨南大学承载了莘莘学子的梦与情，这所历经一百多年风风雨雨的名校，在民国时期已享誉海内外，如今名声满载，也正是这样，我们折服于她的魅力。

我骄傲，因为我有一个美好的青春。

灿烂的阳光使年轻炽热的心燃烧起来，燃烧了人生的失落，燃烧了人生的疲惫，燃烧了人生的伤感，燃烧了人生的无奈。青春如风，吹走了我们失望的期待；青春如雨，冲走了我们痛苦的叹息。青春啊，青春，在我们面前是迷人的大海，在我们心里是精彩的世界。我骄傲，因为我的四年青春都交给暨南大学了。同样，我也因在暨南大学度过美好的青春时光而感到骄傲。

人生很多时候都是痛并快乐着，谁不想美美地“葛优躺”，安闲地玩手机，却偏偏选择了奋力拼搏。困难永远都有，但我相信，学习带来的这份坚持，可以让我赢到最后。大学生活，有的人过得很轻松、很随意。但是当你选择这样的轻松、随意之后，就要为这一时的安逸付出代价，如考试不及格、学分没有修够、毕业论文写不好……就算毕业了，也难以确保自己能在社会上寻找到一份合适的工作。因为社会不像大学那样总会因为你还是个学生而减轻压力与竞争。所以在大学的四年中不要让自己一直“葛优躺”，做一只勤奋的小蜜蜂吧！

每个人都会经历青春，相信你在自己的青春中会有那么一段美丽而难忘的记忆。但你能否做到问心无愧呢？我想这不是一件简单的事，如今，我们的青春正在眼前，我们该怎么做？随波逐流、得过且过，还是积极向上、奋勇前进？我想，智者都会选择后者。诚然，人生能有几回搏？也许有人会认为：花有重开日，人无再少年，何不在年轻时“把酒对今朝”呢？可你是否想过，一失足成千古恨，再回头已是百年身？《钢铁是怎样炼成的》中讲道：“生活赋予我们的一种巨大的和无限高贵的礼品，这就是青春。”因此，我们要明白青春的珍贵，更要懂得怎样才能不辜负青春。

人人皆知，迷人的彩虹都出自风雨的洗礼，丰硕的果实都源于辛勤的耕耘。今天我们生活在这个优胜劣汰的竞争社会中，前有师长掌舵，后有父母激励，可谓占尽天时地利，但是机遇是靠自己去掌控的。我们必须像海绵吸水般在学习上永不知足，像穿云破雾的海燕去搏击八方的风雨，像高大挺拔的青松去经霜傲雪！唯有如此，我们才能在暨南大学谱写属于自己的无怨无悔的篇章。

泰戈尔曾说：“天空没有留下翅膀的痕迹，但我已经飞过。”

我们的青春又何尝不是如此？我们没有办法留住青春，但我们可以让仅存的那点青春“悦动”起来，既然我们被称为“朝阳”，就理应拥有光彩照人的青春。让我们把梦想托付于暨南大学，以无悔的青春去谱写我们未来的篇章吧！

大学那年——沉淀的秋

2016 级艺术设计　欧鹏飞

若说初中是启蒙之春，高中是激情之夏，那大学无疑是在面对社会的寒冬前那沉淀的秋。夏天青涩的果实将在秋天慢慢变得成熟，直至可以落地生根，可以独自面对漫长的寒冬。当我走过那忙碌而痛快淋漓的高中，熬过黑色六月的等待后，大学就这样来到我的面前。12 年的奋斗与等待令我落泪，面对这样的结果，兴奋之余我有些无措。人们总是对未知的事物心存畏惧，大学正是这样令我敬畏。书本中对大学生活的描写是那样美好，可那样的美好却在我心中埋藏下疑虑与担忧。期待着，忐忑着，我迎来了我的大学生活。

军训，让我们成长；军训，是大学生活的开始。12 天的军训，是每一个大学生美妙的"噩梦"。高亢的号角、响亮的口号、整齐的步伐，我们在欢笑与泪水中挥洒着汗水与青春。教官的严厉、辅导员的温柔、"战友们"的关怀，让我在这离家的 12 天里，学会了思念，学会了忘怀。12 天，令我体会到了李白"举头望明月，低头思故乡"的悲伤与怀念。电话可以让我听到父母的声音，却无法抚平我的思念——留给对方的是欢笑与平安，留给自己的却是强忍下的呜咽与怎么也擦不干的泪水，真正的痛并快乐着。训练，似乎越来越像发泄。12 天，让离开温室的花朵被迫成长；12 天，让我学会在听到电话那边熟悉的声音时不再哭泣；12 天，让我学会如何将思念压在心底，勇敢面对一个人的生活。我们拎着背包踏上归途，满员的客车缓缓驶出军营的大门，不少人面对背后那片越来越远的绿色——那个我们曾经"深恶痛绝"的地方，傻傻地笑，却又忍不住泪流满面，那里不仅见证了我们的成长，还承载了我们的骄傲与希望。

走出军营的我们，目光坚定，面对未知的大学生活，我们可以说："来吧，我不怕！"大学，意味着独立。独自生活在离家 260 公里的地方，意味着所有的事都要由自己来考虑。衣食住行各种问题接踵而至，我突然发现，原来有那么多事情要做。原来，独立如此艰难。从此，我体会到了父母的难处。我住在四个人的寝室，与人相处，至关重要。寝室的每个人都很温和，相处了一段时间发现，原来最平淡的人其实最疯狂，最严肃的人其实温柔细心，而最善于交际的人其实有些羞涩和腼腆。独立的大学生活让人有无数的感受。午夜的卧谈会是每个人的最爱。深深的夜，漆黑得看不见五指，天南地北地聊着，无所顾忌，最真的话，只在那时出现。谈着各自的故乡，却发觉缘分是如此奇妙，本不相干的人走到了一起，成为最亲密的朋友。世界如此大，又如此小，本以为永远无法遇见的人，却汇聚在这小小的房间。

时间，带来了转变。大学是漫长的，足以使我们从父母的乖宝宝变成大人。大一，没有了父母监督的我们，无法无天，肆意地张扬着我们的青春。脱离了军训的泥沼，我们打开箱子，收拾好床铺，洗个澡，换身衣服，我们从流着汗水的小兵变成了幸福的天之骄子。参加社团，去学生会竞选，碰得头破血流，却永不气馁。我们激情洋溢，明亮的眸子里写满了希望，浑身似乎都有用不完的劲。我们张扬的笑容、坚定的脚步，让每一根发丝都在空中画出最完美的弧度。我的大一，快乐而没有忧愁。大一的我们是在好奇地探险，寻找着通幽曲径，而大二一定会平淡许多。排得满满的课程、各种各样的培训班与过级考试等着我们。

大学，承载着我的梦想，那么纯真与清澈；大学，我在慢慢地转变，如此漫长与艰辛；大学，我一生中难得的安宁之所。三年后，我将怀着这份安宁，去迎接生命的崎岖。

点滴梦想，步步青春

2015 级商务管理　盘云龙

是否记得那枯燥无味、挥洒汗水的高中生活？

是否记得那青春洋溢、播撒梦想的高三生活？

以往那充满抱怨的高中生活已成为往事，你们是否记在心底？

以往那满怀梦想的高三生活已成为回忆，你们是否依旧坚持？

那么，让我们抛开过去，随心所欲地再续青春。

那么，让我们抛开压力，心平气和地再谈梦想。

倘若青春是一本书，我想这或许是一本没有结尾的书。毕竟人的一生那么漫长，但是人的一生又有始有终。青春是我们的必经之路，漫长而又短暂，美好而又沮丧，让人又爱又恨。可是随着时间的推移，我们是否还记得以往那个年少轻狂的自己？如今的我正处于年少轻狂的阶段，但我对于青春并没有过多的感触。那些陪伴我成长的往事依然历历在目，像风一样让我难以触摸，像花香一样让我记忆深刻。我想这也许是我对美好过去的留恋，对憧憬的未来所埋下的伏笔，这也许是青春的一小部分。其实对于青春，我并没有过多的言语来叙说，更多的是用心体会、用心触摸。青春就如同一本书，在不断修改与编写中，在梦想与成长的相伴下，渐渐变得更美好。

人们常说，人有了梦想，才有前进的动力与方向。但是梦想如何实现？如何坚持？一系列问题困扰着不同年龄段的人。长辈们常说“你要好好学习，多学一些有用的知识”等一些鼓励我们的话语。我们刚听到这些话语的时候，可能会觉得唠叨、厌倦、心烦。可是当我们到了某一个年龄段，再一次回想起以往常在脑海里不停回荡的那些令人厌倦的话语，会有新的或更深层的领悟。也许，人的一生就是这样，在不断的琢磨与反思中一步一步走向成功。我想梦想就如同一场戏，在不断的演绎与排练中，在生活与青春的梦想陪伴下，渐渐变得更真实。我们心里都有一个大学梦。只不过在涌动的青春叛逆期，我们对大学、对未来、对人生的态度有了一丝改变。虽然谈不上放弃，我们迷茫了，徘徊了，但是我们依然选择面对，选择走下去。

筑梦暨南，悦动青春，让青春翱翔于高空，不留遗憾。

筑梦暨南，悦动青春，让梦想扎根于心底，铭记于心。

其实简单一点来说，青春与梦想就是我们在人生中的一个小转折、一个小驿站。

那么，就让我们好好地把握转折点，加倍努力、奋不顾身地续写青春；让我们用一点一滴的汗水，一步一步、争分夺秒地续写梦想。

十年磨一剑的大学梦

2015 级工商管理　林衍豪

为了大学梦，我们十年寒窗磨一剑，那些刻骨铭心的日子如今仍旧历历在目。在收获的日子里我们深刻地理解到通过自己的努力完成一件事情是多么有意义，栉风沐雨我们一同走过，风雨同舟抵达美丽的大学校园。站在新的起点上，我是那么激动，又是那么神往……

然而在大学生活的画卷铺开时，我发现在寻寻觅觅的尽头，并不都是以往心里的“那人却在，灯火阑珊处”的喜悦。“众里寻他千百度”，却是“犹抱琵琶半遮面”。这个时候，我迷茫过、徘徊过，然而时间从不会停下它的脚步，正像朱自清写的那样：“洗手的时候，日子从水盆里过去；吃饭的时候，日子从饭碗里过去；默默时，便从凝然的双眼前过去……”是啊，时间如流水，而我们还有很多要做的事，为了梦想，让我们珍惜时光，从现在开始一点一滴地积累吧！让我们的大学生活变得更加充实、丰富、有节奏。

在生活中我总希望快乐伴随着成功，在每一个青春的季节里微笑，我深知：有大海的呼唤，我们就不能让搏击的勇气在海浪中却步；有蓝天的呼唤，我们就不能让纷飞的翅膀在暗云中退化。

我们都是有梦想、有追求的人，不要因为路途艰辛就放弃了前进的脚步。追寻梦想的过程是苦涩的，但只有经过磨砺的人生才能积淀更多内涵。不要让不安的心被浮躁占据，而要扇动灵魂的翅膀在校园里汲取知识，在不同层次的人群里学会更好地做人，四年的时间里坚持很难，放弃却很容易。我们始终坚信冬天来了，春天就不远了，没有度过寒冬就不知春的温暖，没有走过沙漠就不知水的甘甜，没有经过失败就不懂成功的喜悦。因为年少轻狂，我们很可能会失败，但年轻给了我们勇往直前、永不言弃的资本。只要我们满怀激情、踏踏实实地走好脚下的路，我们终究会取得胜利。

大学是一个充满才华、学问，同时又充满竞争和挑战的小舞台、小社会。我们每个人在这个舞台上扮演着不同的角色，那我们为何不努力将自己的角色扮演得最好？作为一名大学生，我们都渴望乐观积极而不是盲目冲动，大胆而不肆意妄为，敢说敢想而不空想，深思探究而不钻牛角尖……大学是我们每个人梦想的殿堂，为了来到这个殿堂我们经历了风风雨雨。既然跨过了门槛，就让我们在这梦想的殿堂里尽情地张扬个性吧！

大学不是幻想、不是空想，更不是妄想，而是我们伟大的理想。只要我们为之奋斗，为之拼搏，总有一天我们会满载而归！那时你会听到枫叶流舟，你会看到金菊在笑，你会闻到硕果飘香，因为到了收获的季节！

行路人，气自华

2015 级会计学　杨亚亚

你如今的气质里，藏着你走过的路、读过的书和爱过的人。

写这篇文章的时候我刚好读完《你只是看起来很努力》这本书，里面有篇文章《你以为你在合群，你在浪费青春》，我看完后触动很大。就当代中国传统教育而言，经过九年义务教育与痛苦的三年高中生活后，好不容易进入天堂般的大学，大多数同学出现了懒散和松懈的状态，我也是这大多数中的一个。我们班有个女同学，在一群只顾化妆打扮的女生里，她显得格外不起眼。在别的同学讨论哪个品牌的化妆品好用时，她却在和老师探讨上个星期没弄懂的高数题。可遗憾的是，她的认真并没有感染和影响我们，而令她显得格外不合群、格外孤独，甚至会受到其他女生的嘲笑，而我又是这几个女生之一。

在后来的考试中，我们这些自以为是的学生，与她产生了很大的差距，这种差距不仅仅表现在成绩上，更多的是表现在对未来的态度上。

也是从那时起，我开始明白所谓的合群是在浪费青春，而且毫无意义。大学不是用来合群的，而是用来体现自我价值的。我开始尊重这样一个为自己的未来努力的女孩。每个人的青春只有一次，为什么不能努力一次，让自己的人生过得有意义，而不只是看起来很努力呢？很多人都在熬夜，日子看似过得充实，其实只是打开电脑看白天没有看完的韩剧；虽然每天都去上课，其实只不过是去签到后继续在教室里补觉；看上去是在教室里乖乖上课，其实什么也没听进去。我想说，无论发生什么，都不要放弃最初的梦想，坚持下去，一定会有意想不到的收获。或许最后并不是你原本想走的路，不是你原本想登的山峰，不是你原本想看的风景，可是你会发现另一条路有独特的风光，另一座山峰有你没见过的日出，另一种风景有不为人知的绚丽。

生活就是要贴着自己的性情走，你是什么人就用什么腔调，别跟别人去凑热闹，毕竟有些热闹始终不属于你。不要妒忌别人，不要怀疑自己，不要抱怨现在。大胆走自己的路，越是安静努力，越能看到生活回馈的成果。你要始终相信，世界不会辜负任何人的努力。当你坚定地做一件事时，你会发现，全世界都在为你的成功让路。希望你累了就躺下休息，好奇就试图弄明白，舍不得可以放声大哭，在一起就尽情欢笑，但记得一定不能辜负自己，辜负青春。

筑梦暨南，悦动青春，这是一个承诺，更是一个目标。

筑梦暨南，悦动青春

2017级人力资源　张丽珍

我终于踏进了暨南大学，从那一刻起，我感觉自己的大学梦成真了，我的大学生活开始了。

也许大家在中学时期就已经读到或者听到许多关于大学生活的信息，有人说大学生活绚丽多彩，也有人说大学生活无聊空洞，浪费青春。其实，他们说的都是正确的，因为是真实经历，他们才会那么说，两者是不矛盾的。在大学里，有的人确实过得很充实、很开心，深深留恋这块他们认为是一辈子都无法重复踏上的净土。也有的人从一踏进校园就很失望，觉得一切都跟自己想象的不一样，从此浑浑噩噩地度日，可能最终醒悟的时候才猛然发觉，仿佛一夜之间，大学已经过去，随之逝去的还有自己宝贵的青春。记住，只有后悔大学混了几年的人，而不会有后悔上了大学的人。不管是中学还是大学，我们都要用同样的态度对待。即使是那些说母校犹如人间地狱的人，多年以后，回忆起大学时光，也会感慨万分，甚至泪流满面。不管你的大学生活过得如何，至少要时刻提醒自己：人生只有一个大学阶段。

在暨南大学，我认识了很多同学，他们来自不同的地方，都很友好。在以后的学习中，无论是否拥有欢笑、拥有阳光，都会成为永远的记忆。我们要面对的是新的老师、新的同学、新的旅途，我们该怎么办？由于现实的残酷，我们将化身为一个个骑士，抹掉胸口上的创伤，擦掉昔日的荣耀，拿上我们曾经的利器，整装待发，新学期是我们新的征途的开始！

梦想是我们通往成功的地图，只有付出行动，迈出坚实的步伐，我们才能到达成功的彼岸。确定了目标，就要为之努力拼搏。志当存高远！我们要立长志，不要常立志。

人生是对理想的追求，理想是人生的指示灯，失去了这盏指示灯，就会失去生活的勇气。因此，只有坚持追求远大的人生理想，才不会在生活的海洋中迷失方向。托尔斯泰将人生的理想分成一辈子的理想、一个阶段的理想、一年的理想、一个月的理想，甚至一天、一小时、一分钟的理想。当你看到这里，是否想到了自己的理想？

人生的花季是生命的春天，它美丽，却短暂。作为一名大学生，应该努力学习，奋发向上，找到一片属于自己的天空。青年是祖国的希望、民族的未来，我们每个人都主宰着自己的明天。

大学生活是多姿多彩的，但也需要我们去把握和深入体会。有人说：“平凡的大学生有着相同的平凡，而不平凡的大学生却有着各自的辉煌。”我们可以选择平凡，却不可以选择平庸。

“路漫漫其修远兮，吾将上下而求索。”这句话送给我自己，也送给大家，让我们共同进步吧！

朝阳初升，让梦想飞扬

2016级艺术设计　阳文迪

正午的太阳毒辣地照耀着大地，七月的太阳格外猛烈，似乎要烤干这片大地。路上的行人都穿着短袖，连路边的狗也伸出长长的舌头，努力地把身体内多余的热量散发出来。忽然，一个穿着长袖衬衣的人走在这条路上，显得很另类。这个另类的人，便是我。浑身都是汗的我，正背着一个书包走在路上，独自感受着这份煎熬。梦想在远方的我必须走上这条路，内心的煎熬一点也不比肉体上的少，怀着这份心情，我走进了暨南大学。

高耸的建筑物把阳光都遮蔽了，只留下一片阴影，我顺着这片阴影走进了其中一栋建筑，去参加一场考试。

怀着忐忑不安的心情，我拿起笔，凭借我那并不好的记忆，在试卷上书写着那并不知道对或错的答案与未来。这场笔试我早早地完成了，并不是因为我的成绩有多好，只是不会的题目我都乱写一通而已。考完后，我独自发呆，思索着未来。也不知过了多久，这份难得的宁静终于被一声“收卷了”打破……

灯光漫无目的地洒在每个人身上，给我本就蜡黄的皮肤笼罩上一层惨白。此时，我紧张地等待着。等待的时间总是如此漫长，无论是艺考还是入学考试。在场的每个人脸上都露出些许紧张。

“下一个，阳文迪。”

走进面试室内，刺眼的灯光打在我脸上，让我感觉极为不适，我尽力挪动椅子想要躲避，但最终都没有成功。这种感觉就像当我听到艺考落榜时一样无助与彷徨。

我依照惯例，用我练习了几年的普通话报出我的姓名、年龄，还有我想要报考的专业。当考官问我为什么报这个专业时，我犹豫了一下：“我是一个传媒生，学的是编导专业。虽然我并不想学这个专业，但这个专业是唯一离我梦想最近的专业。”考官像看异类一般看了我一眼，问：“你的梦想是什么?”“剪辑师！影视剪辑！我的梦想是影视剪辑！”

后来，我们还聊了很多，聊人生、聊理想、聊未来……

最后考官问：“如果把元旦晚会和其他活动的剪辑任务交给你，你能胜任吗?”这句话让我彻底惊呆了。“我认为我可以！”原以为不可能再有交集的机会再次出现在我面前，让我的眼中多了一丝狂热。

考试结束后，正是下午。云霞把毒辣的太阳遮盖住，留下那丝丝的温暖，仿佛是上苍赠予人们最好的礼物。母亲陪在我身边，一起享受着这美好的馈赠。她轻轻地问了一句：“考得怎么样啊？”我笑了笑：“挺好的。”

为暨南而歌，为青春而舞

2017 级人力资源　张卓君

有人说人生是一次长跑，沿途会经历无数的风景，大学就是其中的一站。我能在暨南大学与众多学子共同学习、共同追求梦想、共同经历青春，甚是幸运。

寂静的夜晚，我独自漫步于校园中。一阵秋风从我身旁掠过，在路灯的光芒下，那种萧瑟的秋意显得格外浓烈。我不禁闭上双眼，深吸一口气，享受此刻难得的寂静。此时我回想起两个多月前，我和一大群同学都还是刚跨进学校的大一新生，有着无限的活力，风华正茂，挥斥方遒。而现在，有的人却已开始随波逐流，放任自我。环境还真是一个可怕的东西，它总会在悄无声息中让你变了模样，并让你在潜移默化中丢失原来的自己。当然，这种潜移默化也分好坏，近朱者赤，近墨者黑。

所以上大学后，我给自己定下了目标：第一，处理好与室友之间的关系。因为如果没有特殊情况，大学四年我会和室友一直住在一起，所以相处过程中若是出现了问题，我必须积极解决。第二，参加学生会或社团。大学有很多社团，还有校学生会、院系学生会，只要我肯努力，基本上都有机会参与其中。我可以认识很多朋友，学会很多东西。第三，去图书馆度过一段时间。我会一个人或者和好朋友去图书馆，认认真真地看书，感受岁月的静好。因为毕业之后我将会为了生活而忙碌不停，没有机会静下来看书。第四，用自己兼职赚来的钱去旅游。兼职也是在积累社会经验，兼职完还可以用自己的劳动成果去旅游，去享受生活。

学习如逆水行舟，不进则退。我们历经千辛万苦才进入大学，又岂敢一朝松懈？生命不息，奋斗不止，让我们奋勇向前，让阳光照亮我们的青春！

让我们一起为暨南而歌，为青春而舞吧！

驰骋风云，把握现在

2017 级会计学　黄欣雯

青春，是三月争奇斗艳的花朵，是七月缤纷的太阳雨，是十月灼人的红叶；是喷雾的旭日，是竞发的百舸，是搏击长空的雄鹰；是弹奏乐章的琴弦，是一路坎坷、一路执着地奔向大海的小溪，是挺直了躯干、舒展了满怀的葱茏、热烈地拥抱蓝天的白杨。

转眼间，我从怀着忐忑、期待、憧憬进入大学的青春少女变成已经上大二的师姐。这一年中，我们曾在前进的路上迷茫，曾在成长的路上沉沦，也曾在青春的舞台上尽情挥洒我们的美好年华。

入学军训时的情景仿佛就在昨天，我们站在烈日下，唱着军歌、站着军姿。时间如水，转眼飞逝，我们已经来这里一年多了。记得我们高中时为了上大学而努力学习，我们写过无数篇有关大学梦的作文，在课间睡着了，梦到了在大学无忧无虑地生活，可以尽情玩游戏，没有拘束的生活多么美妙。

我来到了暨南大学，可是这里和我想象中的大学生活并不一样，老师很尽责地监督着我们。同时这里也有着严谨而又宽松的规定，在这里我们的学习任务可能会比高中更重，也可能更轻松，这取决于自己的态度。

我选择了会计学这个专业，参观了博物馆、黄埔军校，还参加了学校举办的辩论赛等诸多有趣的活动，了解了中国的一些文化和历史。

大学生活为我们的青春添上了一笔美丽的色彩，青春是我们一生中最美好的年岁。它是一个人生命含苞待放的时期，生机勃发、朝气蓬勃；它意味着进取，意味着上升，蕴含着无限的希望。我们迷茫的人生因为大学找到了继续前进的道路，我们的梦筑在了暨南大学的肩膀上，我们的青春在暨南大学的怀抱中悦动。

在暨南大学，我们曾沉迷，也曾迷茫，陷入困境之后只有不断摸索，才能找到自己的光明。只有把握现在，才能在明天驰骋风云；只有把握现在，才能充实虚幻的明天；只有把握现在，才能造就明天的辉煌！

匆匆四年，莫负好时光

2017 级会计学　杨淑慧

梦醒来就没有了，但我们的梦想不同，为了实现它，我们努力过、痛哭过、放弃过、幸福过。大学，在高中时期是我的梦，路过大学时看到大学生在校园内的从容，在家里听着姐姐分享大学里的生活，我开始憧憬大学的生活和气氛，并努力朝憧憬的方向前进！

当你开始为梦想奋斗时，考验也随之到来。高一时期的我，充满动力不停地往前奔跑，好像所有的考验都是浮云，根本难不倒我。但是这些不过是小小的考验，生活是很狡猾的，当一个人的火焰因为没有燃料而暗淡下去时，那就是大的考验降临了。我就这样被身边的气氛、环境和自己的信心给击败了。

高考失败了！我输了！但我不甘心，我的潜意识为我保存了一丝星火，我要去点燃它！人可以失望，但不可以没有希望！于是，我去暨南大学教育学院参加自考入学笔试。如果不成功，那我就去选择另一条路，世界很大，不只有一条路，为了我的梦，我只能前进。最终我成功了。大学，我来了！

在我想懒散的时候，忽然发现有个以前考得比我还差的同学梦想着考上清华大学，还依然为此而努力。我觉得很奇怪，问他："你想考清华大学？你成绩这么差怎么考得上清华？"他很奇怪，反问："你怎么知道我考不上清华？虽然不是努力了一定可以成功，但连试都不试，你怎么知道结果？"我听了他的这番话，忽然不再感到迷惘，并且有了更大的信心。是啊，努力了不一定会有结果，但是连试都不试，甚至连梦想都没有，怎么可能会成功呢？连梦想都不敢有的人是不会成功的。我暗暗下定决心，在未来的大学生活中无论有什么困难在等着我，我都不会再迷惘，也不会再徘徊，我要为了实现梦想而努力奋斗。因为无论是谁，身处何方，都有拥有梦想的权利！

大学，我的梦

2015 级金融管理　李康梅

坐在大学的教室里，我手中拿着笔，思绪却回到从前追求大学梦的时光。王国维的《人间词话》中的三种境界可以用来形容我的大学梦的变化。

小时候，我有一个大学梦。那只是个很单纯的梦，是只要努力学习就可以实现的梦想，大学生活很轻松，大学生很厉害。但随着时间的流逝，我从新闻得知大学生也有很多在家里当"啃老族"……我开始懂得，大学生毕业以后不一定能成功，大学生也很难找到工作。除了自身能力，还要看家庭的经济能力。如果要求放低点，就可以轻松进入大学；但如果要求高，进大学就变得困难了。我开始有一点迷茫。时代在变，世事在变，心态也在变。遥远的天涯路在眼中，无尽的迷惘在心底。如同王国维《人间词话》中的第一境界"昨夜西风凋碧树。独上高楼，望尽天涯路"。我是因为长大了，想得多了，要求多了，对大学的梦想更贪心了，想要考上更好的大学吗？

时间匆匆，转眼到了高三。教室里全是拼搏的身影，每个人为了梦想“衣带渐宽终不悔，为伊消得人憔悴”的样子感染了我，我也为梦想拼搏，也想上更好的大学。就连从不爱学习的同学也在奋斗的道路上坚定不移地追求目标，而为之“不悔”，为之“憔悴”。为了大学梦，我曾晚上学习到深夜一两点，早上五点起床，中午不休息接着学习。当然，我没能一直这样坚持下去，因为此方法让我没法合理地休息，休息不好，反而学得更不好。我不是为大学梦付出最多的人，有的人自从上了高三，从来没有在深夜两点前睡着过。我只看到他们成绩好的表面，却不知他们背后的努力。而我，也根据自己的实际情况而努力。高三那年，我至少为我的大学梦努力过。大学梦，我的梦，只因有它，我才有前进的方向、努力的动力、向前的目标。

高考前，我们在众多的学校中寻觅着自己心目中的大学，可谓“众里寻他千百度”。高考的成绩一出来，现实就在我们面前，能选择的大学也在我们面前，有种“蓦然回首，那人却在，灯火阑珊处”的感觉。

如今，坐在我所选择的大学教室里，我可以说我的大学梦已实现。未来的路我不知道会如何，但我选择的路，我会坚持走下去。

大学梦的信念

2015 级商务管理　冯佳文

小时候，纯真的我总是呆呆地坐在湖边，望着波光粼粼的湖水，翩翩联想着：将来的自己，一定在一所优秀的大学里学习。有时在图书馆里，悠闲地阅读着名著；有时在体育社团里，与同学们进行着篮球场、足球场上的拼搏，挥洒着自己的青春；在文学社团里，与同学们一起讨论国家大事，追逐真理与知识。一想到这，我心中不禁斗志昂扬，似乎看到了前方的曙光。

我心中对“大学”的定义朦朦胧胧。不过，只要联想到这些愉悦的画面，我就更加坚定：我有一个梦——大学梦！我似乎慢慢长大了，也明白了很多人生哲理。在求学的路上，一次次跌倒，一次次摔跤，但我不放弃。坚持不懈，换来的是成功，是喜悦！

曾经的我经常产生厌学心理，有时甚至低沉地想：就这样放弃算了。当时，黑暗侵袭了我，让我无法看清眼前，迷失了人生的方向。但一直有一条线拉着我、牵引着我，它指引我通往光明，将我从困境中拉了出来，重新拥有竞争的乐趣，在强手如林的竞技中站稳脚跟，并在考试中取得优异的成绩。

“I have a dream!”现在的我，会自信地喊出这句话。因为，我正在一步一个脚印、踏踏实实地稳步向前！我知道，只有有梦想的人生才是最精彩的人生！

带上梦想，风雨兼程

2015 级商务管理　刘俊

大学是人人向往的神圣殿堂，而且在大多数人的眼中，上大学意味着踏上了成功的人生之路。所以，包括我在内的很多学生都有一个大学梦。

高三，既然选择了大学梦，便只顾风雨兼程。一年走过来，路上留下了数不清的汗水，披荆斩棘，经历了千军万马争过独木桥的惨烈战争。硝烟过后，我终于站在了大学的门前。

我望着圆拱形的大门上面写着的“暨南大学”四个字，这就是我要度过四年的地方。

很多人会想，大学四年该怎么度过，答案是五花八门的。勇敢走下去，才是我们的选择。

刚开始，我们或兴奋，或迷惘，或忐忑，或沮丧。但是“既来之，则安之”，即使再迷惘、沮丧、忐忑，也无济于事。不如收拾心情，投入大学生活。

高中，已经成为尘封的历史。“逝者如斯夫，不舍昼夜”，与其再为过去而哀叹、忧伤，不如为未来奔走。

我们为青春付出多少，就能够收获多少，我付出全部的青春，只为实现青春的梦想。在大学四年里，我必须跟以前的懒散作风告别，全身心投入学习，每一科我都会努力学好。既然选择这条路，我便会努力坚持到最后，达到我的目标，做一个对家庭、对社会有用的人。

我站起来望着窗外，夜色弥漫。而我的思绪飘向远方，飘向我的未来。

奋斗，成就梦想

2015 级金融管理　文明超

中秋佳节刚过，国庆节将至，我在此刻成为一名光荣的大学生，回想六月，我还是一名为了高考而奋斗的高中生，而现在我已经成为暨南大学这光荣的集体的一分子，感慨万分。

回首高中走过的三年，历历在目。距离高考已过去三个月，暑假我尽情和同学开心玩耍，原以为这样就可以从高三的牢笼中走出，可谁知，快乐的生活并没有将高中从我的记忆中抹去。相反，高中生活的苦与乐、酸与痛，高考时的紧张与期待仿佛就发生在昨天，让我回味。

三年前的九月，我怀着懵懂的心情跨入了期盼已久的高中校园，满怀憧憬地在这里继续追逐自己的梦想。高一劳累而又快乐的军训、要求严格的教官和热情的老师陪伴我们开始适应不一样的高中生活。在高手如云的校园中，我真正体会到了“天外有天，人外有人”这句话的真谛。难熬的军训让我们在晒掉一层皮之后学会了坚强，激动人心的合唱比赛让我们在快乐中学会了团结，一次次的考试让我们在紧张中学会了前进。

那堆积如山的课本和试卷就是我们高中学习的成果，世界上的事没有偶然，只有必然，我们只有不断积累成果，才会得到结果。从不去尝试，又怎么会知道自己的极限呢？我为了上大学而奋斗，那么，已经成为暨南大学一分子的我，梦想就结束了吗？不会的，只要我还有生命，我就要继续追逐延续的梦想，大学梦是高中梦的延续，而大学梦的延续是什么呢？这需要我去寻找和决定，大学四年是一条发现之路，也是一个历练的过程。

灌溉梦想，茁壮成长

2017 级会计学　胡嘉燕

谁的青春没有美好的梦想？梦想自己有一天衣锦还乡，梦想成为父母亲的骄傲，梦想自己成为万众瞩目的名人……我也有这样的梦想，而来到暨南大学这个大家庭，让我离梦想更近了一步。

时间就如同空中的风、飞过的鸟一般不会留下一点点痕迹，无声无息地来过，又在无声无息中离开。当你安逸满足地躺在树底下，用手在天空比画的时候，天空并不会为你留下任何痕迹；当你追逐树叶缝隙中透射出来的那一点点夕阳余晖时，时间也不会为你停留。所以，不是更应该珍惜青春吗？不是更应该为埋藏在心里的青春梦去奋斗吗？不是更应该在失去中懂得珍惜吗？

我带着满腔热血和梦想来到了这个美丽的校园，既紧张又兴奋。我怕自己做得不够好，且对陌生环境有些恐惧。在经历了 12 天的军训，经历了磨炼与坚持，认识到无论有多大的坎都要努力跨过时，我变得有信心，更加认定了暨南大学是我青春梦的起点。

12 天军训真的让我学到了很多东西。我们不仅锻炼了意志，也懂得了坚强。尽管这个过程并不简单，但我们学到的东西、懂得的道理，都让我们受益匪浅，所有的辛苦都是值得的。我很骄傲我是暨南大学的学生，我很高兴我可以以美丽的大学作为梦想的出发点，在这里扬帆起航，去实现我的青春梦。

果戈理曾说过：“青春之所以幸福，就因为它有前途。”是的，我们正值青春，有无限的动力和激情，我们应该发挥、表现出来，用我们的能力来追逐梦想，以永不言败的精神去拼搏、去争取想要的东西。我们还年轻，年轻就是资本，年轻的我们不怕失败，即使摔倒了还可以爬起来从头来过，不经历风雨怎能见彩虹。就因为我们还年轻，我们可以像蜗牛一样一步一步往上爬，只要努力，总有一天会成功。

人们常说，梦想很丰满，现实很骨感。虽然现实如此，但我们依然不能放弃梦想，因为梦想太重要了，它是前进的动力，是支撑人不会倒下的顶梁柱，是人们起步的奠基石，在这个时期，我们更应该努力让自己离梦想更近。

每个人的青春就像一张白纸，如果我们精雕细琢，那么这张白纸上将会呈现出亮丽的色彩和美丽的文字。如果认为青春可以虚度的话，那么青春的这张白纸将不会完美，甚至可以说是不完整的。人的一辈子其实很短暂，所以我们不应该虚度光阴，更不要虚度青春。青春是美好的，青春的梦想是值得去奋斗的，让我们在这个美好的季节努力去实现青春的梦想吧！

暨南情怀

2015 级金融管理　刘土贵

刚过去的 11 月 18 日，是激动人心的一天，相信作为一名暨南大学的学生，没有谁不为之感到自豪，当广州塔上闪耀出“暨南大学 110 周年生日快乐”字样时，暨大学子们深深地感受到母校的伟大！它的伟大，远远不止在广州塔上闪过的那行字，更多人会想到这是一座桃李满天下、人才济济的精英殿堂！

110，简单的数字，念出来也不过 3 秒，但暨大经历的却是意义非凡的 110 年，目睹了衰落，也见证了振兴。战火的咆哮没有减弱她的决心，教育出一位位革命志士，在战争中呼唤希望。现在，中国已强大了，暨大在新的百年里不会停下脚步，教化育人永远是她最重要的使命。将来会有更多的人才从暨大走出去，也会有更多的人才来暨大取经，沉淀的百年历史不全是辛酸，更多的是文化底蕴，作为一所吸纳世界各国学生的学府，它的文化底蕴是无法估量的。作为其中的一员，我更应该吸纳这些元素，在四年里不断磨炼自己，用自己的青春，筑梦暨大！

我是很在意“梦想”这两个字的，无论何时，总是会小心翼翼地把它和“理想”区分开。对我而言，理想是一个现实的梦，只要脚踏实地地努力就会实现；而梦想则是一个虚幻的梦，无论怎样努力，都只是烈日下的泡泡，一碰即碎！

高中老师说读大学是为了圆梦，大学生活多姿多彩，学生独立又富有个性，大学的平台开放程度是以前的求学生涯不能相比的，在这里能有更多的社会实践。每个学生都在以自己独特的方式奋斗，力求上进，在这种氛围下，每个学生不断追逐着自己的梦想。想到自己作为一名学生，如果毕业后不能让母校以自己为荣，实在是有愧于心，在这么好的学习环境下，不求上进是最大的浪费！

我把梦留在暨大，筑梦，逐梦，待到绽放时你我共赏！

坚持梦想，超越自我

2017级工商管理　韩会勤

梦想犹如天上的繁星，而我是群星环绕的月亮，在星星之间自由奔跑。梦想的星星伴随着我成长。

“看蔚蓝的天空，有幸福的彩虹，是属于你和我编织的梦。”高三那年我忙碌于家—学校这两点一线的生活，徘徊于痛苦与快乐的边缘。在时间悄悄流逝的时候，在心底种下了一颗种子，等待它开花、结果的一瞬间，那颗种子叫作“梦想”；在奔跑的途中，望着天边的彩虹，我遂想起心中的梦。

即使前方有坎坷阻碍我前行，我也依旧会坚定信念向前冲；即使有泪水悄悄从眼角滑落，我也会擦干眼泪，鼓起勇气向前冲。也许成绩不尽如人意，但是毕竟自己努力过，便不会留下遗憾！

“坚持最初的梦，幸福在转角等候，七色的彩虹点燃心中悸动。”凤凰涅槃，浴火重生后，必定会展现一个全新的自我；经历拼搏与努力之后，必定会实现自己的梦想！

青春时节，风华正茂，年华尚好。除了成长给予的惊喜之外，还有梦想给予的人生启示。在这个转瞬即逝的青春岁月里，我们可能会被压得喘不过气来，但是至少还有梦想，不是吗？梦想是人生路上的指明灯，在逐梦的途中，我们得到了鼓励与支持，得到了周围人的珍惜与包容。

人生无关成绩，但有关梦想，双唇微启，似有所悟地哼唱起那首耳熟能详的歌曲：“闪耀的梦照亮你和我，化成幸福的彩虹，张开翅膀天地任我疯涌。穿越绝望坚定地翱翔，绽放无限的笑容，青春梦想属于你和我。”

我会为梦想拼搏，并且让它实现于不久的未来。

漫漫青春路

2016级商务管理　陈泳谕

大学于我而言是一个新的梦，是重新开始的地方。为了不使这个梦在毕业时落空，我必须用一种以终为始的心态，去规划与度过我的大学生活。大学也是我们人生最集中的、可以尽情折腾的时期。所以，如果谁的大学生活平平淡淡，那他就没有真正理解大学的含义与作用。一旦失去青春的激情，便永远也找不到了，对于大学，我们一定要且行且珍惜。

大一是大学的开端，是影响大学其他三年的重要一年，所以进入大学的第一步一定要走好，这样才可以为后面的三年打下基础。我们时刻坚信，只要做到步步为营，就能稳步前进，梦想，当扬帆起航。

步入大学，我们开始人生的另一个新起点。真正意义上的大学，是每个幸运的大学生生命中重要的旅程之一，这一路由四个宽阔的台阶、无数的细砖碎瓦以及不同的人组成。然而，我该怎样应对大学的第一个台阶？大一是新的开始，也是完结的预兆，大一和我们的许多境遇一样，只有一次，它对结局有着重要的影响甚至决定性意义。

大学和中学有着本质的区别，在这里我们更自由了，更有主宰权了，完全掌控着自己的生活，正因为如此，我们更容易迷茫，更容易失去方向，有时候甚至不知道自己到底在追求什么。

在大学生活中遇到的不同的人，会在我们的人生道路上或深或浅地画下一笔。我刚进入大学时，曾经迷茫了一段时间，对大学的目标一片模糊，我遇到了两个陪着我一起奋斗的人，很多时候她们都会陪着我找到目标和前进的方向。

人生目标是人生道路的指南针，是人生前进的动力。我迷失了一段时间以后，通过与师兄师姐的交流以及与老师的沟通，初步确立了奋斗目标，我决定通过大学四年的学习成为思想觉悟高、心理素质好、专业技术精、工作能力强的复合型人才。这是21世纪对大学生的要求。

确立了目标后，我感觉自己重新获得了源源不断的动力，因为我对商务沟通很感兴趣，便以这门课作为突破口，以提高自己对商务沟通的理解。每天的课余时间我坚持在图书馆完成一套卷子。此后，我的学习成绩开始逐步提高，并得到了大学生活的第一个“A”。

大学生活是漫漫人生路的一个阶段，也是人生之路的一篇乐章，这段路程是短暂的，也是漫长的，这篇乐章可能是优美动听的，也可能是遗憾苦涩的。虽然我的大学生活才刚刚开始，但我相信会充满快乐，最后我希望与大家共同努力、共同进步，多多积累经验，走好以后的路。

梦系暨南

2015级商务管理　黄嘉雯

经历了小学、初中、高中共十二载的寒窗苦读，现在我终于进入了我的大学——暨南大学。每个人都有自己的大学梦。别人口中的大学生活是自由自在、无忧无虑的，大学生多幸福呀！大学生活究竟是怎么样的呢？我怀抱着期待的心情踏上了一段新的旅程。

大学第一门必修课就是军训，在这次军训前我已有过两次军训的经历，一次是在刚升初三的时候，另一次是在高中刚开学的时候，但都只有一个星期左右。这次要离开家里在训练营待12天，心里既期待又害怕，害怕不能跟同学们很好地相处，又怕军训太劳累不习惯。可是等经历了这一切后，我体会到了大学的美好！同学们都很友好、很可爱，军训的时候会互相帮忙，想家时会互相安慰。这种感觉真好，我很喜欢这个班级，也喜欢我们班的老师。记得军训的时候因为发的裤子质量一般，我拿到手之后补了好几次还是没法穿，最后只能去找郭荣荣老师帮忙。郭老师陪着我们一起走过这12天，每天晚上都会来宿舍看望、问候我们，我们心里都对郭老师充满感激。

军训结束后便开始了我们期待已久的校园生活，每天跟舍友在一块儿学习、玩乐，多姿多彩，希望可以这样一直走下去。四年是一段漫长又短暂的时间，也可能是我人生中最后一段上学的时光。希望这场梦能久一点，毕业后就要靠自己去打拼，创造自己的小天地。希望到时候我对自己说的是："谢谢你当初的努力，才没有在大学生活中留下遗憾。"不管走到哪里都要多一份自信，告诉自己："我可以！我是最棒的！"

青春无价，一寸光阴一寸金。大学里的时间更是弥足珍贵，如果不想让自己在最后一段青春回忆里留下遗憾，那么从现在开始用尽全力做好每一件事吧！过去的事情已成为过去，当下我们需要做的是面对未来，直面挑战，把握机会，才能成为人生的赢家！

梦想，是起航的风帆

2017级工商管理　孙义翔

梦想是起航的风帆，是一个远大的目标，是东边升起的太阳。我们在梦想中成长，在梦想中飞翔。我的梦想是考上大学，实现我的大学梦。

在我还很小的时候，大学对我来说就有一种特别的吸引力，我觉得大学是一座既神圣又遥远的殿堂。我什么时候才可以跨入？到了高三，我才惊觉梦想中的殿堂离我越来越近了，我必须付出努力去实现我的梦想。

我所在的城镇是比较落后的，各方面的条件都比不上大城市，所以我们总是喜欢听老师说大学的事，向往那无拘无束的生活，希望可以完成父母的心愿。

在高三的历程中，我哭过笑过，得到过也失去过，现在，我来到了暨南大学，大学梦已经实现了。我要珍惜大学时光，奋发向上。

我知道，在我努力的同时，还有好多人在身边鼓舞着我，如父母、朋友、老师等，所以，我要尽自己最大的努力去做到最好。大学，我来了！毕业时，我一定会交出完美的答卷！

梦想路不停

2016 级行政管理　陈伟潮

人应该不断地前行，为自己的未来与梦想奋斗。如今的我已经上了大学，虽然经历了高考过后的种种失望，但是现在我找到了新的生活、新的学习环境，我们相聚在暨南大学这个大家庭，怀揣着同样炽热的求学的心，踏上了大学的旅程。

作为一名新生，我正为自己的梦想努力奋斗着。我们的大学生活很短，仅有四年的时间，所以在这四年里，我们要珍惜每一分每一秒，珍惜每一段经历，把握时机去做好每一件事。我们还要懂得放松自己，学习累了要释放压力，别压抑自己，学校里有各种社团，找几个自己感兴趣的加入，既可以认识新朋友，还可以从中学到很多知识。我们出门在外，舍友是最好的家人，心烦的时候可以跟他们谈心，无聊的时候可以与他们闲话家常，这些都将会是大学生活的一部分，所以不必畏惧，不用害怕自己与别人不一样。其实我们都一样，年轻又彷徨，所以才会来到大学，努力寻找那条属于自己的道路。

回想过去，每个人的经历都不一样，以前的我们或许非常叛逆，或许非常自卑……但这一切都过去了，现在面对着新的生活、新的环境、新的面孔，可以勇敢地做自己，走自己想走的路，慢慢发掘自己的潜能，做更好的自己。

我们一辈子走在两条路上，一条是心灵之路，另一条是现实之路。这两条路相辅相成，心灵之路指引着现实之路，而现实之路则充实着心灵之路。当我们的心灵不再渴望越过高山大川时，心灵就失去了活力和营养；当我们的现实之路没有心灵指引时，即使走遍世界也只是行尸走肉。

人生道路漫长，我们在这条道路上慢慢行走，此时的我们犹如希望努力向上蹿的小青苗，我们的根系越来越庞大，肥沃的土壤给了我们一块成长的领地，而我们的成长仍需注入能量。阳光使我们生长得飞快，而雨水轻轻击打着我们的臂膀，使我们更加坚韧、勇敢。

梦想还是要有的，万一实现了呢

2015 级金融管理　罗文豪

时间总在不经意间从指缝中流逝，在我们还没来得及欣赏时，便已经寻找不到踪影。高中三年一眨眼便已过去，我们迷茫过，用心过，颓废过，努力过。可不论怎么说，高中生涯已经画上了一个句号。

高考对于我来说可以说是失败的，因为自身的原因，没有取得理想的成绩，不得不说刚来到暨南大学教育学院的我很失落。可是中国有句古话，“既来之，则安之”，一切都有因果，既然无法改变，那就应该积极去面对！

我们经常听到中国大学生的大学生活是由打游戏、沉迷恋情、逃课构成的，只有极少数人真的努力去读书。可能是刚结束了高中紧凑、压力大的生活，经历过高考的折磨，那紧张的心放松了下来。可能是没有了父母、老师的管束从而无法控制内心的懒惰与贪玩，白白荒废四年的光阴，导致大学毕业以后没有任何生存的技能，从而找不到工作，成为所谓的“啃老族”。

习近平总书记提出中国必须齐心一致地创建“中国梦”。刚进入大学的我们则应该拥有我们的“大学梦”。梦想是一个既美好又缥缈的东西，古往今来，梦想给予人们对美好事物的追求和向往。马云曾说过：“梦想还是要有的，万一实现了呢?”

对于我的大学生活，我希望自己不要颓废，让大学生活充实起来。学好专业知识的同时，我也希望能够通过努力为自己的生活费买单，锻炼自己的社会生存能力。我觉得学习固然重要，但社交、生存能力尤为重要，所以在这大学四年里我要学到自己想学的知识，锻炼好生存需要的能力！

梦想终如蝴蝶般破茧而出

2017 级工商管理　刘小静

有人说，挽着恋人的手漫步于大学校园是一件浪漫的事情。有人说，大学图书馆里的书真多啊，遨游书海，感受文学的魅力，无疑是件幸福的事情。有人说，大学是疯狂的，大学是自由的，大学是放纵的，大学是颓废的。而在我的眼中，大学是天堂，大学是乐园，大学是梦想怒放的国度。

我踏进了暨南大学的校园，开始了我的漫漫求学路，无论严寒酷暑，还是刮风下雨，都从未间断。汗水浸湿了衣衫，寒风刺痛了双颊，我一直为我的梦想努力着。寒窗苦读十几载，我们就像蛹里的蝴蝶，终有一日会破茧而出。我是一名大学生，年轻且永不言败。青春飞扬，自信昂扬。抬起高贵的头，勇敢地大步向前冲吧。同学们，让我们用青春诠释我们的誓言，用汗水锻造我们明日的辉煌吧！

青春有梦，勇敢去追。年轻的朋友们，let’s go！

梦想筑成青春

2016 级行政管理　蒋小龙

人生苦短，一个人有几个 20 年可以去挥霍呢？对于刚刚经历了 20 岁的我来说，时间逝去就不会倒退，回首往昔，早已物是人非。花有重开日，人无再少年，是对如今步入成年的我最好的内心写照。以前的同学、朋友早已各奔东西，幽静怡人的校园已在一次次的扩建中变得面目全非，时间也不约而同地在老师的面颊和青丝上留下它走过的痕迹。过去的终究不会再现，但是，人总是要向前看，现在的我刚刚步入大学校园，有更广阔的世界等着我去开拓。

对于刚刚进入大学的我们来说，青春的符号正谱写着我们人生的灵魂乐曲，因为这时的我们正处于人生的交界点，站在那刚刚告别旧知识、迎来新知识的岔路口。所以，选对一条路，对于我们以后的人生有着重要的决定性意义。大学的学习生活绝对不会局限于书本，更多的是让我们发散思维和放飞想象，更有自信地去学习。相对来说，大学更像一个展现自我的舞台，如果我们荒废了人生最重要的四年学习时间，浪费了自己扩展视野和提升知识水平的机会，那么我们必定会后悔。

虽然有些人一直很努力，但难成大器，原因大多是他们缺乏目标，没有梦想，每天按部就班。所以，在大学我们一定要有一个能激发无穷动力的梦想。只有这样，我们才不会在这知识的万花筒里迷失自己。当然，让我们定一个目标或者梦想并不是天马行空地去想象，今天，我们长大了，不再幼稚，不再无知，不再只有追梦的傻劲和激情，我们应当用科学合理的方法去筑梦。首先，筑梦需要激情，但更重要的是要有理性。我们需要认识自己、剖析自己，并为筑梦制订好合理的计划，分步骤、分阶段地进行，并按计划去完成。其次，找到志同道合的人，和他们一起筑梦，在集体中筑梦。人天生就是社会性动物，我们的梦想大多是在集体中实现的。因为个人总会有弱点，有时难以战胜自己而中途放弃。在志同道合的集体中，我们可以相互加油、鼓励，给予精神上的支持，我们会变得更加有力量和有勇气去坚持实现梦想。最后，我们要脚踏实地，不要给自己戴上梦想的枷锁，不要设立过高或者无法实现的梦想。

我祝愿自己，也祝愿所有正在筑梦或将要筑梦的人，都能尽情地张开梦想的翅膀去飞翔，梦想成真！

年少不负青春梦

2015 级金融管理　石松

不知不觉高考已离我们而去，军训 12 天的生活也完美结束，经过这 12 天的磨炼，我们渐渐变得坚强，学会了很多东西，懂得了一个班级需要团结才能获胜。军训的结束也意味着大学生活即将开始，军训回来的那天我们举行了开学典礼，让我感受深刻。认真想想，其实大学是一个非常大的平台，在这里我们可以自由展示才华。在这四年里，我想要认真学习专业知识，多参加一些户外活动，加入各种社团以及学生会，我相信只有不断提高自己的能力，日后才能在社会上有立足的空间！

大学梦是每个学生都有的梦想，我觉得自己很幸运可以在暨南大学学习，这来之不易的机会让我倍加珍惜。我们可以享用图书馆、教学资源等，我没有理由不认真学习，希望能为自己的班级多做一些事情，提高自己的修养。在学习上，努力克服困难，钻研一些自己喜欢的项目，当然大学除了学习之外更应该多去锻炼身体，身体是革命的本钱，多运动才能使自己更加强壮。大学学业其实并不轻松，我们需要学的东西还有很多，因此大学不是一个松懈的地方，而是我们应该更加自律、更加努力的地方。

寒窗苦读十二载，不就是为了上大学吗？既然我们现在已经实现了这个愿望，就更应该好好规划接下来的大学生活。大学充满许多未知，需要我们去探索；充满许多困难，需要我们去克服；充满许多知识，需要我们去学习。总而言之，大学的生活充满很多美好的东西，需要我们去发现。

最后，我希望在这四年的时间里，不要虚度光阴，把知识学好，争取在大学里把自己的每一个梦想、每一个小目标都实现，处理好与同学之间的关系，多认识优秀的同学，一起进步！

破茧而出，幻化成蝶

2018 级金融管理　江吕杰

人人都有过青春，或许你的青春已经消逝了，但是我们的青春梦依然铭记在心中，不曾磨灭。

谁没有年少轻狂的岁月？谁没有对未来的憧憬？我怀揣着梦想，来到了暨南大学这个大家庭。

青春就像一张白纸，你可以在上面任自己的思绪飘洒飞扬。翱翔于青春世界之中，我看到了各种各样的风景，也看到了多姿多彩的世界，然而，我却迷惑了，我的青春到底有什么作用呢？我憧憬着的梦想能否实现呢？于是我就在青春这张白纸上向逝去的春光借一点时间，把梦想留下。

我们怀揣这样或那样的梦想来到了暨南大学，成为一名有理想的大学生。还记得 12 天的军训，把我们晒黑了，也把我们训练得结实了；12 天的军姿，让我们的腰板更加挺直；12 天的停止间转法和队列训练，让我们的动作更加整齐划一；12 天的汗水浇灌，让我们初具“兵味”。在最后的军训汇报表演中，我们用自己的拼搏和努力，获得了领导的好评和同学的阵阵掌声。

我努力了，拼搏了，经历了风雨，通过了重重考验，我想我不会后悔。

青春有着一道道坎，我们只有跨过那些坎，才会破茧而出，化为美丽的蝴蝶。我会为了自己的青春梦去拼搏，去努力。因为我相信，只有付出，才会有收获。

青春年少，风华正茂

2015 级商务管理　苏科源

青春年少，风华正茂。每个人都拥有自己渴望的青春梦。青春让我有了撩拨回忆的勇气，青春让我有了敢于拼搏的斗志，青春让我燃烧起梦想的烈焰。我的梦想因为青春而熠熠生辉，我的青春也因为有梦想而变得永恒。

青春，让我们有了脚踏实地、头顶青天的豪迈与激情；青春，让我们有了仰望明月、追赶太阳的信心和勇气。而梦想，使我们不畏惧艰难与险阻，勇敢踏出荆棘泥泞，为青春添上光辉的一笔。青春因为梦想的存在而更有魅力，而梦想也因为出现在青春年华而更加让人着迷。

20 岁的我度过了人生中重要的 20 年，翻读了 20 页岁月篇章，我也不知道读过多少关于青春与梦想的诗篇。有人说梦想是人生的火车，而青春就是火车上的引擎，给予我们不竭的动力。

人生的路需要自己去把握，要靠自己去探索和发现。这些年来，我们付出了很多。我们无法立即改掉自己的缺点，但是我们能把事情做得更完美，去弥补这些缺点。所以我决定以后要做真实的自己，不再有意地遮掩自己的缺点，大胆地为自己的梦想努力，对过去说再见，放下包袱，大胆向前进，把自己的每一步都走出光彩，走得完整……

青春如流水，稍纵即逝。珍惜我的青春年华，让它成为我人生中最美妙的乐曲。我不会让我的青春梦落空。

青春篇章

2016 级商务管理　孙晓曈

高考关系着我们今后的命运，同时也为我们打开了一扇连接社会的门。大多数同学在踏进大学之前充满着期待与激情，或许是看太多偶像剧的缘故，我们都会在潜意识里认为，大学生活就像影视作品里展现的那样绚丽多彩，也会像小说里描述的那般朦胧唯美。

如果说，大学四年的生活是一部美丽充实的长篇小说，我想现在仅仅处于这部小说的开篇，入学短短两个月，回想在暨南大学的每一个朝夕，下起笔来，思绪翩翩，笔锋不止。

军训篇

开学第三天，我们来到穗华心素质教育培训基地开始了为期 12 天的军训。虽然大学军训没有高中军训那么严、那么“痛彻心扉”，但是，军训不管在哪儿，对于我们来说都是十分重要的一课。军训，教我们怎样做人、怎样吃苦耐劳、怎样迎接挑战、怎样把握自由与守纪律的尺度。

军训作为大学生的一门必修课，培养了我们吃苦耐劳、艰苦奋斗、克服困难的良好品质，为我们今后在暨南大学生活中战胜遇到的各种困难打下了坚实的基础。有了良好的作风和心理素质，今后学习上、生活上及工作上的困难，我们都可以克服。

军训让我学到很多东西。从邓冲冲教官站在我们面前开始，第一天我们在大雨滂沱中军训，我就意识到了我们并没有想象中那么娇气，或许会有很多改变发生在我的身边。学过站军姿、蹲姿、坐姿、稍息、齐步走、敬礼等基础动作之后，我才发现自己已经收获了许多重要的东西，而不仅仅是动作本身。一分耕耘，一分收获，军训为我们以后更好地学习、生活奠定了良好的基础。

友谊篇

当然，在大学，同学之间的友谊也是必不可少的。第一天来到宿舍，我就认识了四个有趣的同学。或许是因为高中三年里天天相处的都是相同的人，我很害怕认识新的同学。但是当我遇到我的舍友后，很快就打消了这个想法。我们的辅导员也特别有趣，他是一个非常尽责的老师，几乎每天晚上我们都会听到那个辨识度特别高的声音在楼层间回荡，这时，我们就知道他又来检查宿舍了。

校园篇

与其说大学是一片净土，还不如说是一个大熔炉。大学校园融入了天南地北与社会方圆，其中有来自五湖四海的同学，有形形色色、丰富多彩的活动，形成了独有的校园文化；大学校园融入了中学时代的纯真，更包罗了世间百态、人间万象。无论是社会上常见的琐事俗事，还是大学独有的趣闻轶事，都会时常呈现在我们面前，关键看我们怎样领悟和理解。于是，有些人步入大学后成了“神雕侠侣”，有些人却“笑傲江湖”，而另一些人只能“侠客行”了。

中学时代的我们，习惯于问老师我们应该如何做，但在大学，老师不会给你明确的答案，需要你自己去寻找，去选择。举个例子，当你面临观摩全国英语演讲比赛和欣赏法国原版音乐剧两个机会时，你会如何选择？对于我来说，我会选择欣赏法国原版音乐剧表演，因为我认为经典就是经典，演员的演绎会打动观众，观看音乐剧能满足我对其他国家文化的向往、领略其他国家的风土人情。当然不同的人对同一个问题会有不同的看法，对不同的问题会有不同的处理方法。其实，学会如何思考问题，如何在两难中取舍，也被视为大学的课程之一，更是对自我的一种历练。

当然，作为一名新生，能够与暨南大学一起度过110周岁华诞是何等幸运。至今回想起那天在广州塔下亲眼看见塔上闪烁的“暨南大学110周年生日快乐”时，心底仍然涌起作为暨大学生的自豪感。

“长风破浪会有时，直挂云帆济沧海。”如果说人生是一艘乘风破浪的船，那么我觉得努力充实的大学四年生活将会为这艘船扬起充满张力的帆。愿同窗四年的你、我、他，珍惜大学生活的每一缕阳光，让这张帆扬得更高，让这艘船走得更远！

青春在暨南悦动

2016级金融管理　陈雯慧

我们将梦想交予暨南大学，它将带领我们实现梦想，悦动青春，让青春无憾！

筑梦暨南，在筑梦的路上我们必将经历坎坷，遭受挫折，但这些都不是我们失败后放弃的理由。失败是成功之母，试问一下，有哪些成功人士在筑梦的路上未曾跌倒过？我们伟大的毛主席，小时候因无钱买书，竟然徒步走了20多里路，到亲戚朋友家去借书读。白天出去放牛，晚上就在昏黄的豆油灯下苦读。正因为他有着宏大的理想和抱负，他才会拥有追求知识的精神和坚忍不拔的毅力，才使他后来成为中国杰出的人民领袖。在筑梦的过程中，我们应更加相信自己，坚持不懈，才可能获得成功的机会。

在大学生涯的这四年里，我们应多投身于社会实践，想好未来要做什么，定好目标才会有行动的动力，把握好在校学习的时间、机会，多学一些知识，并将学到的知识应用到生活中。筑梦暨南，在暨南大学实现我们的梦想，追求我们所向往的生活。人要有理想，有坚定的信念，才能在这个人才济济的社会上生存，要有主见，多与他人沟通，这些对个人的发展都有帮助。对学习应时刻抱有兴趣，与知识交朋友，这就相当于找到一位良师益友，这样的学习不会使我们感到吃力，而只会让我们感到无比兴奋，徜徉在知识的海洋里。暨南大学，我们将在这里筑梦、圆梦。

在最好的年华实现自己的梦想是对青春最好的交代。

青春之歌

2015 级会计学　曾浩杰

青春像一首歌，歌唱着我们最美好的回忆。我们即将开始青春最精彩的旅途。我带着我的梦想进入大学。

我已不是那个小时候遇到一点困难就向爸爸妈妈哭诉的孩子了，我更愿意自己去面对烦恼与挫折，希望可以用自己的力量去解决问题。我希望可以通过自己的努力闯出一片天地，所以强大自己是我的青春梦。

青春的道路也许很艰辛，但我不应该害怕，因为这些都是为了实现梦想所要付出的代价。正当我和同学们还在回忆着教室、食堂、宿舍三点一线的高中生活时，我已经进入了一个全新的世界，这个世界需要我有更好的自制力。

我知道在接下来的生活中会遇到很多困难，所以我要让自己足够强大。不要等青春逝去了才想起当年自己其实可以更努力。

我们要珍惜青春里的每一个机会，即使只有很小的收获，也不要埋怨，人生本就是这样，一点一点地积攒而成。

我知道要做到这些很难，但我已不是懵懂的小孩，青春使我渐渐成熟，青春使我变得坚强，青春让我懂得怎样取舍。趁现在我还掌控着青春，赶紧拿出热情来，用自己的双手去创造属于自己的天地，用自己的方式在大学里活出精彩。

大学，让梦想起航

2015 级金融管理　梁胜鑫

我读了十几年的书，为的就是上大学。这个愿望终于实现了。

大学在我眼里仅仅是人生的另一个起点，我们的下一个目标将是社会。我们要明确自己未来要走的路。暨南大学，将是我梦想的起航地。

马云，中国电商巨头，身家数百亿元，他靠的是什么？一张大学文凭？这个答案是否定的。他有超人的智慧，尽管他没有过深地研究专业知识，但他把智慧与实际相结合，这才是一个企业家的特点。

据说，马云刚刚开始创业的时候，资金有限，人员不足，他也没有那么大的后台与关系，但他打一个电话，就从硅谷找来了一大批高精尖的技术人员。原来，这些都是马云的大学同学。马云在校期间很乐意帮助同学、团结同学，且硬是帮他们打了四年的开水，他们说，就凭这点，这个忙就算再难也帮定了。

这位电商大亨的成功并不仅仅因为这些，更重要的是他那坚持不懈的品质，他经历过人生的大起大落、风风雨雨，换作常人可能早就放弃了，可是他坚持下来了，这才成就了他的辉煌。

我们应该学习马云身上的优秀品质，学习实用的理论知识与技术，团结同学，交到知心朋友，扩展自己的人脉圈子，一起走向社会并肩作战，并且要通过学校众多优质的资源强化自身，做一个可以与社会接轨的新人，为未来增添光彩，让家人过上美满生活，为学校做出贡献！

我会牢牢地抓住机会，绝不会虚度年华，为了未来我会拼尽全力。这就是我的大学梦，一个为了生活与未来而构建的梦，一个可以用行动与努力来实现的梦。

少年，为自己的梦想奋斗吧！

2015 级金融管理　叶伟鑫

每个人都有青春，青春代表着生气勃勃，代表着狂放不羁。如今，我们怀着青春梦进入了暨南大学，来到这里继续追寻我们还未完成的梦想！

刚到暨南大学，我们就被送去基地军训，经过了 12 天的洗礼，我们变得团结了，懂得了纪律的重要性。蓦然回首，我们不再是当年的懵懂少年，已经是一个大学生了，我们离我们的青春梦又近了一步，并且意味着我们需要付出更多的努力才能成功。罗定主任说："高考失败了没关系，人生总会有几个坎，跨过去，迎接你的将是美好的明天。"虽然我们的起点比不了其他人，但是只要我们努力，一定不会比别人差。

李大钊说过："青年者，人生之王，人生之春，人生之华也。"我拥有青春，青春是珍贵的，是闪耀的，是转瞬即逝的。在这短暂的青春里，我要用汗水、用泪水去为我的梦想奋斗。青春是热情的，是正义的，是善感的。我拥有一颗炽热的心，而炽热的心所向往的是成功。我相信，总有一天，我付出的汗水、泪水会得到回报，我会靠自己的实力和努力到达成功的彼岸。

我航行在人生的海洋上，开的只是小船，行进的却是壮丽的航程。

有信心是好，但是我们不能因此骄傲，当我们在为自己小小的成功沾沾自喜的时候，人家或许已经开始努力了。所以我们要时刻保持谦虚，做到有勇有谋，这样才算是真正的成功。不能让眼前的一点点名利蒙蔽了双眼，"天将降大任于斯人也，必先苦其心志，劳其筋骨，饿其体肤"。我们想要成功就必须有一颗不怕苦的心，要有不惧艰难的精神，这样才能走向成功，更好地实现我们的青春梦！

面对这个广阔的世界，我渺小，我无能为力。但是我拥有青春，因为青春，我懂得了什么是永不言弃。我会一直对自己说："少年，为自己的梦想奋斗吧！"

生命不息，梦想不止

2016 级商务管理　胡喻喃

我从小生活在海边，广州对于我来说是个很陌生的城市，但同时也令我无比好奇。未知的旅途、陌生的城市最能给人勇气。

大学是一个自由的舞台，有足够的空间能让我们发挥优势。大学也是一个充满竞争和挑战的舞台，能让我们充分地锻炼自己，为以后步入社会做准备。未知的东西往往令人觉得神秘，给人很大的想象空间，所以我刚来大学时很兴奋，任何课程都听得特别认真。从步入大学到现在已有两个月的时间，足够让我认识这个校园，了解大学的课程。虽然褪去了激情，但我更加深刻地认识到上大学不仅仅是为了读书，更多的是为了锻炼自己的独立能力。

每个人在大学的计划和目标都是不一样的，而我的目标就是好好利用大学这个平台锻炼自己的能力。不想再得过且过，每天过着复制、粘贴一般的生活，既不思考计划，也不确立目标。大学的时光是最好的充实自己的时间，而踏入社会之后能否成功在很大程度上取决于大学时的表现。

暨南大学是一所有着 110 年历史的、文化底蕴丰富的大学，而且又处于广州这个繁华的大都市，有着很好的资源，这让我们的大学生活更加丰富多彩。而我作为一名大一新生，很荣幸地见证了暨南大学 110 周年校庆。暨南大学是一个充满活力和朝气的地方，是知识的殿堂，是追求梦想的地方。大学的路程还很漫长，途中也许会经历挫折和失败，但我相信，只要能够不忘初心、坚持下去，成功就在不远的将来等着。

世上无难事，只怕有心人

2018 级金融管理　产鑫玉

有句电影台词说：“做人如果没有梦想，跟咸鱼有什么区别?”我记得我小时候的梦想很简单——当科学家。可我慢慢长大了，被生活诱惑做了很多违背初衷的事。现在，我是暨南大学的学生了，我想重新追求曾经的梦想。

在记忆中，高考的味道是咖啡的味道，每一次在书桌前挑灯夜读，母亲总会悄悄走进我的房间，把咖啡放在我的书桌上，摸着我的头对我说“不要太累了”，然后又安静离开。我总是熬夜苦读古诗文直至趴倒在书桌上睡着，还有英语单词，经过 MP3 的耳机反复在我耳边回旋，墙上贴满记不住的数学公式和单词。书桌上一沓沓笔记本，上面密密麻麻地写着课堂重点。我印象中的高考是一串串长长的数学公式和英文字母，翻开书本，上面的第一句话永远是“世上无难事，只怕有心人”，那是老师送给我的一句箴言，也成了我的座右铭，它鞭策着我不断前进，战胜学习上遇到的艰难险阻。

梦想，是起航的风帆，是一个远大的目标，是东边升起的太阳。我们在梦想中成长，在梦想中飞翔。

作为一名大学生，我会继续怀揣着我的梦，踏实坚定地走好每一步。

世上无难事，只要肯登攀

2018 级金融管理　欧子明

大学梦，是莘莘学子寒窗苦读十二载、挑灯夜读的辛勤背影。

大学梦，是爷爷掏出的发黄的高中课本，满载少年郎上进的愿望。

每个人的青春年华都有一个大学梦，梦想着美好的大学生活，向往着和志同道合的小伙伴们一同前行。美好的梦想使我们付出行动，却贵在坚持。

中学时，老师对我们说大学生活是那么多姿多彩，一周只有七八节课，其余时间都是自由活动，可以去学校的图书馆，也可以加入各种各样的社团。对于我来说，大学就是我梦寐以求的天堂。

大学，我们不必再为出一趟校门而绞尽脑汁地编各种请假理由。

大学，我们不会因为和某个异性朋友多说几句话而被班主任请进办公室。

大学生活和以往我们经历过的学习生活截然不同，它至少对现在的我来说包含了太多的意外和精彩。当然，大学生活对我们来说也有太多的诱惑，所以这就需要我们以正确、积极的心态去面对。

在机缘巧合下我进入了暨南大学就读，但这条路并不是那么好走，需要比考上大学的学生付出更多的努力。虽然路途艰辛，但我已做好准备。

在未来的大学生活里，我要认真学习，习得一技之长，广交朋友，当然更要努力，为自己的梦想加油！

为梦想翱翔

2018 级行政管理　黄泓钧

2018 年 9 月，我正式成为一名大学生。小时候，我不知道什么是大学、什么是大学生，我印象中的大学就是摆脱父母唠叨、获得自由的地方，而大学生就是自由飞翔在天空的小鸟，身边没有了唠叨和烦恼，大学生很幸福，可以做自己喜欢的事情。所以，小时候我的梦想就是能够考上知名大学。

在正式上课前，我们经历了 12 天的军训，在军训期间，我对大学已经有了跟以前不同的了解，大学的生活不比军训轻松，需要我们的坚持。如果大学过得很轻松的话，以后的生活会变得很辛苦，所以我情愿在大学过得辛苦，而以后能过上幸福的生活。大学老师没有高中老师管得那么严，所以需要我们自觉，把自己的时间管理好，让自己四年的大学生活变得充实。大学没有很多课程，但每一科都涉及我从未深入的领域，需要投入很多精力。

我希望我的课余时间不是在宿舍睡觉度过的，而是泡在图书馆里，或者在大学城找一份兼职，充实自己的生活，锻炼自己。

无惧风雨，笑对人生

2018 级行政管理　梁恩泽

人生的每个阶段都会有不同的梦想。天真烂漫的幼儿园时期，梦想也许是每天上学时老师奖励的一颗甜甜的糖果；无忧无虑的小学时期，梦想也许是每天可以和小伙伴们愉快地玩耍；纯洁无邪的初中时期，上一所好高中是很多人的梦想；

而高中时期，估计大多数同学的梦想是考上一所理想的大学。

每个学子心里都会有一个大学梦，但真正能考上自己理想的大学的学子不多。高考的失利也许会让我们迷茫而不知所措，记得鲁迅先生的《伤逝》里有这么一段话：“新的生路还很多，我必须跨进去，因为我还活着。但我还不知道怎样跨出那第一步。有时，仿佛看见那生路就像一条灰白的长蛇，自己蜿蜒地向我奔来，我等着，等着，看看临近，但忽然便消失在黑暗里了。”虽然时代背景与今天有区别，但它所包含的意义挺符合失利的心情。谁又不曾迷茫而不知所措过呢？

选择在风雨里微笑，也选择在阳光里奔跑，追逐梦想前行，踏着泥泞起航。我希望自己在大学的这几年学会：

（1）好好照顾自己，身体是革命的本钱。

（2）要经常笑。笑是对抗生气或沮丧最有力的东西，简单的嘴角上扬就可以增加幸福感。

（3）学会感恩。对生活中的美好以及那些让我生活变好的人，无论大小，都表达感恩之情。

（4）慎重择友。朋友是生活中不可缺少的一部分。选择与乐观的朋友在一起，他们能欣赏真实的我，让我的生活变得更丰富、快乐、有意义。

（5）信守承诺。我们的自尊是建立在信守承诺的前提下的。

（6）多去图书馆。读书让我们才思敏捷，视野更广阔。

（7）不要轻言放弃。如果决定做某事，取得成功之前不要放弃。要记住，失败是暂时的，放弃的那一刻便意味着彻底的失败。

因为有梦，所以远方

2015 级金融管理　钟清娴

青春是色彩斑斓的，它可以是蓝色的，夹杂着一点点哀伤；可以是白色的，清新而脱俗；也可以是绿色的，饱含生机。我们怀着期盼，踏着希望的音符，来到自己心中理想的那座象牙塔。

曾听过这样一句话，“没有青春，何以梦想；没有梦想，何以远方”。但我更喜欢尹文思的“因为有梦，所以远方”。在大学这块广阔的土地上，有人会堕落，有人会成功，有人会遇到颜如玉，有人会觅得黄金屋，同样也有人自始至终都是一个庸人。大学时期是我们人生中最重要的时期之一，它代表着旧的结束和新的开始，我们不再像小学、初中和高中那样每天都要接受老师的管教，在大学里每个人的青春都是不同的，都需要自己去奋斗、去充实。

大一的时候，有朋友对我说“平平淡淡才是真”，我很不理解。曾经，我们这些带着中学彩色的梦走进大学校门的莘莘学子也在高喊着“平平淡淡才是真”，颇有把庄子的“无为”思想发扬光大之势，是什么使得我们丰富的校园生活色彩渐褪呢？是因为我们没有走进梦想的那座象牙塔？是因为我们还未走出自我困惑的地带？还是在我们的内心深处真的就认为平淡才是最好的呢？

生活得最好的人，不是寿命最长的人，而是最能感受生活乐趣的人。除了没有走进理想的大学，除了没有把握住一次成功的爱情，除了心中那份虚荣与骄傲，生活又给过我们多少重荷与不平呢？没有！我们曾经也想有所作为，却不知从何做起，跟着感觉走，在各种诱惑面前远离最初的那个梦想，被泥沙俱下的大潮裹挟着四处漂流。当我们走过无数的路才发现，身后除去所谓的平淡，什么都没有了。

大学四年，我们有幸拥有这四年，韶光易逝，我们都不想自己的青春在茫然蹉跎中度过，不想看到自己的梦想黯然退场。成功女神并不垂青所有人，但所有参与过、尝试过的人，即使没有成功，他们的世界也不是一份平淡，不是一份空白。而大学生活本身就是一种参与和尝试，即便它与我们想象的不一样。

大学时光不是要我们为落叶而伤感，为春雨而掉泪，而是要我们拿出尝试的勇气，拿出为梦想奋斗的青春的热情。作为这所拥有“百年侨校，百年商科”美誉的大学里的一员，我们青春的梦想在校园里茁壮成长。愿我们在毕业后再回首时，无悔青春。

有志者，事竟成

2018 级行政管理　余咏浩

为了心中的大学梦，为了青春不败的承诺，我们披星戴月，只争朝夕。然而，现实却一次次震撼了我，先是北大才子陆步轩在街头卖肉，后有留美博士在宝鸡山中养鸡。大学，进去了，出来了，为何是这样？我还有必要坚守这个梦吗？再后来，听说业余厨师苦练英文，竟获托福高分，现被外企聘用。大学，没进去，未坚守，竟也能成才。终于明白，大学是开端，不是结束，而是再深造；不是断笔台，而是终身学习，这才是大学的真谛。大学，不但要靠梦想才能进去，还需怀揣梦想，才能延续生命的辉煌。

我开始崇拜黄霑先生伟大的人格，这位 81 岁高龄的词作家，不忘在获得等身荣誉后反省自己，毅然决定去大学深造，喜获文凭未几日，竟长辞于世，人虽远去，精神却永存。我开始了解高尔基的《我的大学》，我知道，生命是一次长跑，社会是一所学校，纵使一时进不了心中的名校，大学梦却永远允许我们追求。我会一直记住黄宾虹先生的话：“何物羡人，二月杏花八月桂；有谁催我，三更灯火五更鸡。”进入大学，更应勤奋、努力。现实永远是残酷的，机遇只留给有准备的人。进入大学，是人生的再一次冲刺！

（二）世界模联之旅

2017 年哈佛世界模拟联合国会议成员日记

2016 级金融管理　黄俊杰

暨南大学教育学院 2016 级金融管理专业的黄俊杰同学（暨南大学 Skyland 英语协会副会长、暨南大学太极社社长、暨南大学五洲暨艺达人秀优秀奖获得者）成功通过 2017 年哈佛世界模拟联合国会议（Harvard World Model United Nations）面试，成为尼森模联代表的一名成员。

哈佛世界模拟联合国会议，简称哈佛世界模联（Harvard World MUN），是全球国际化程度最高的模拟联合国会议，被称为“模联中的奥林匹克”。

2017 年哈佛世界模拟联合国会议在加拿大蒙特利尔举办，与当地蒙特利尔大学模拟联合国协会通力合作，努力呈现一场国际模联盛会。黄俊杰同学在这高规格会议中表现不凡，荣获中国队首席代表殊荣。

第 1 天

坐上加拿大航空公司的飞机，离开北京国际机场，我的旅程正式开始了。经历了面试、专业的 MUN 学习和连续几天没日没夜的会议文件准备，我正式踏上了旅途。第一次乘坐加拿大国际航班，其豪华程度及服务水平让我和同伴都颇为惊叹。在经历了 12 个小时的飞行后，飞机在多伦多国际机场降落，此时，当地时间为下午 6 点，气温已是零下 2 度。当地的导游迎接了我们，我们随她直趋尼亚加拉瀑布（Nigara Falls），并在附近的酒店入住。

第 2 天

清晨，虽然寒风刺骨，但我们还是去参观了尼亚加拉市（Nigara）的市容，参观完毕后，我们便乘车前往加拿大电视塔——它并不像广州塔那么优美，但多了一份雅致。它既是电视信号塔，也是游览景点，还是一座巧妙的电力蓄能塔。外国人的创新思维是中国人应该学习的。

第 1 站：多伦多大学（University of Toronto）

多伦多大学是加拿大英语区排名第一的大学，拥有 170 多年历史的院楼，一点也感觉不到它的沧桑，走进去是一间间现代化教室及会堂，我们参观了经济学院、图书馆、医学院、学生活动中心、科学技术院和生活区，这次参观更坚定了我要出国深造的决心。

第 2 站：多伦多市政厅

接下来，我们来到了多伦多市政厅，其大楼外表富有科幻气息，宽敞的广场前是一个已结冰的天然溜冰场，平日则是一个大水池，背景是一个彩虹配色的“TORONTO”雕塑。走进市政厅，我们看到了一个现代化的办公大厅，办公区、生活区等无一不体现多伦多的城市特色。让我们更加惊讶的是，在生活区里，我们还发现一个图书馆，它对外开放，并兼有出售、租借功能。

第 3 站：多伦多议事厅

多伦多议事厅如今是最高法院所在地，由于它本身的性质，我们没有被允许入内参观，但它精美绝伦的建筑已然打动了我们。

第 4 站：皇家安大略博物馆

皇家安大略博物馆闻名全世界，汇聚了历史与创新、人文与科学，是我们今天参观的最后一站。馆内的第一个展区是中国区，里面的藏品精美绝伦，更体现了中加两国的友谊。但是，这不是最吸引我的，中国区的对面是矿石展区，加拿大作为世界宝石产地之一，矿产资源相当丰富，橱窗里各式各样奇形怪状的宝石、矿石、原石让我一饱眼福。在生物区，我们了解到了加拿大的各类生物分布和环境状况。

第 3 天

今天是大学日，出发！

第一站，我们来到了皇后大学（Queen’s University），它位于金斯顿（Kingston）的大学路（University Avenue），这所大学有着 175 年的历史。幸运的是，当天正值学校的开放日。我们参观了体育馆、图书馆，还有他们的生活区。中午，我们离开了皇后大学，但我们并没有立即驱车前往下一个地点，而是去一家当地相当有名的中餐馆吃午饭。我们去的那家店在北美地区家喻户晓，形式是自助餐，提供中餐的菜式点心，多以粤菜为主。绝大多数是“中菜西做”或“西菜中做”的风格，将中西饮食文化完美地融合起来，堪称完美。热情的服务员、风趣的前台人员……所有事情都让我印象深刻。

填饱肚子之后，我们继续上路，下一站是加拿大皇家军事学院（Royal Military College of Canada），它同样位于金斯顿，校园非常大，纪律严明。由于是军事学院，检查非常严格，我们在里面被要求不得下车参观。虽然不能进入学校内部，但是我们登上了学校里一座山上的炮楼，俯瞰大地，安大略湖尽收眼底，不枉此行。

第 4 天

今天，我们去了另外一座城市——渥太华（Ottawa），参观重点是总督府。加拿大是总理制国家，如今，当年的总督府已经不再办公，而是作为一个历史景点被保护起来并供旅客参观。一开始我们来到的是一个公园——皇家公园，第一眼看过去，并无任何特点，虽然景色优美，白雪皑皑，但略显普通。然而当我们走得越来越深时，透过密密的松树林，一个很大的类似碉堡的建筑映入眼帘。简直太聪明了，总督府就在当地人的身边，藏在最普通的地方。这是最完美的保护。既然是总督府，安全检查是必不可少的，检查之后我们得以进入总督府。它比我们想象的还要大，数不清的房间各有用处，还有一些旅客限制区。

第 5 天

又是新的一天，我们去的第一个景点是加拿大国会山，作为整个加拿大政府的首脑位置，其政治地位是绝对不容小觑的，兼立法、议会、政府机关于一体，机构可谓相当庞大。最惊艳的当属国会山图书馆了，它散发着哥特式建筑气息，兼具天主教的特色，虽然已经不公开使用了，但是它的历史地位和它的外观一样迷人，其中还保存着十分珍贵的文献资料。下午我们参观的是加拿大历史博物馆，虽然相比之前所有的景点，它稍显逊色，但是我们还是学到了不少关于加拿大历史的知识。参观完毕，我们前往最后的目的地蒙特利尔（Montreal）——一座完全处于法语区的城市。

第 6 ~ 12 天

终于到了本次旅程最为重要的一个环节——模联会议。早上 8 点我们换好正装，出发前往位于酒店对面的会展中心，那是我们的会议地点。9 点是代表培训（Delegate Training），虽然先前在国内已经经过了专业的培训，但我依然倍感压力，生活化的语言无论是英语还是法语都尚可应付，但是当突然进入一个高度专业化的语言环境时，还是很不适应。我查着字典，总算把培训完成了。

下午是精彩的开幕式（Opening Ceremony），开场是模拟联合国秘书长和执行秘书长分别致辞和演讲，其中最让人感动和深受鼓舞的是执行秘书长的讲话，提及了抵抗战争、争取人权、公平对待世界上的所有人、善待自然与生灵。演讲一结束，全场起立欢呼鼓掌。下一环节，现场来了一位特殊嘉宾，他是一位残疾舞者，虽然他因天生小腿过度萎缩而无力站起，但是他靠一副拐杖，凭着钢铁般的意志以及乐观向上的心态成为一位出色的街舞舞者。他进行了一段精彩的演讲，并带领全场所有代表及嘉宾一起跳了一段舞，把开幕式的气氛推向了高潮。最后是音乐会演出，开幕式在歌声中完美结束。

第二天一早便是正式的委员会会议了，各国代表齐聚一堂，大家交流讨论演讲内容，找寻盟友，建立同盟，提出动议和草案，全世界此刻团结一致，为解决全球问题一起出谋献策，为创造出一个更美好的世界而努力。按照常规，每年的 World MUN 都会设置一个不同的议题，然后大家围绕所设置的议题进行讨论，提出解决方案，我和搭档所在的委员会是 Social，Humanitarian and Culture Committee，我们今年的议题为 Modern Day Slavery 和 Food Security，State Infrastructure and Political Crisis，我们的代表国是海地，经过了阐述、动议和投票等环节，最终拿下了Modern Day Slavery这个议题。在Session 1中，我们上台做了相关阐述：我们应该加强与国际法庭的合作，将现代奴隶制相关行为的犯罪严重级别指数上调并移交国际法庭进行公开审理。在第四天的Session 5提案阶段，我们为自己所在的同盟提出了一份修正案，内容是关于为贫穷国家和地区寻求网络、电脑等技术支援，如此可以在奴隶制多发地区进行网络监控和跟踪，甚至消灭奴隶制。

经过连续几天的会议，我们和会场的外国代表结下了深厚的友谊，我们一起合照，留下联系方式。开会期间，每场晚会有一个社交活动，以唱歌、跳舞为主，在最后一晚，所有人都玩得特别开心，大家一起跳舞、拥抱，亲吻彼此。但这最后一晚也是最令人伤感的，因为第二天就要分离，我也十分伤感，想着明天一早就见不到各位亲爱的代表了，心中充满了不舍。

我在此行中学到了很多，改变了很多，我看到了更宽广的世界，认识了更多的朋友，看到了自身的优点与欠缺。这次经历使我的视野变得更加开阔，性格变得更为开朗，最主要的是，我收获了国际友谊！

（三）国际视野，游学感悟

香港游，体会上心头

2016 级艺术设计　余静娴

人生就像是一场旅行，这次的香港游学之旅便是一次精彩的旅行。说实话，一个人散漫惯了，和这么多同学一起结伴而行还是第一次。香港这座城市，我参观过不止一次，曾多次感叹它的繁华。迈进大学校园后我还是第一次去那里游学，虽然只有短短两天，但我收获颇丰。

“敬业乐群”是香港城市大学的校训，也是我们游学的第一站，追溯中国传统文化，这四个字出自《礼记·学记》。走在校园里，感受最深的是“跌宕起伏”的建筑风格，整体布局错落有致，校舍空间精致密布，是难得的园林式布局，只有香港这座城市才能孕育出有这种独特魅力的大学校园。

香港的大学虽然没有大量的空地、没有雄伟的大门，但我们能看得出来，他们把资金投入校舍建设，把精力集中放在培养学生的思想、素质和能力上，尊重个性、渴望真理，倡导自由和开放。

这两天的香港游学之旅，我感到新鲜和快乐。香港是购物之都，更是美食天堂。闲暇之余，和室友穿梭在大街小巷。看中环的高楼林立，望维多利亚港的华灯璀璨，经历尖沙咀的人流攒动，在走过的地方收获满足和幸福。

离开时，有点依依不舍的伤感，不知下次重返时，维多利亚港的海风是否依然，你我还能否记得彼此的容颜。

太多的感受不是只言片语所能表达的，如果要我用一句话来形容这次游学，我想只有“不虚此行，意犹未尽”这八个字才能把我的感受表达得淋漓尽致！不同的生活环境让我得到了历练和成长，这样的经验难能可贵，不仅使我在行为乃至思想方式上有了很大的改变，同时还让我的目标从原来的模糊不清变得明朗清晰，最主要的还是锻炼了我的自主自立能力。虽然只有短短两天，但我重新认识了自己！

在游学中开阔视野

2016 级会计学　王天乐

这个周末，我有幸跟随学校参加为期两天的香港游学活动。我们体验了香港科学园里有趣的模拟换衣机，品尝了香港城市大学和香港大学的美味饭菜，更有幸倾听了几位金融“大咖”的讲座。尽管这次活动的时间不长，但我从中学习了不少东西。

首先，这次活动让我的时间观念变得更强了。这次旅途中，有时候因为某些同学的延误，就算是一两分钟，都会使整个团队活动延迟 10 分钟甚至 20 分钟。因此，参加集体活动必须要有充分的时间意识，才能保证整个团队活动的有效运行，如此才能在预定的时间内完成相应的行程。

其次，参观香港城市大学和香港大学让我感受到香港学生读书的那股拼劲儿。听香港的学生说，香港的大学图书馆是七校联网的，给学生的学习带来了极大的便利。经过他们的自习室、电脑室时，看到所有人都在埋头苦读。这种勤奋学习的精神实在是值得我们学习。

最后，我有幸能在保诚公司听了金融“大咖”SK 有关金融的“十项全能”的讲座，真让我受益匪浅。尤其是 SK 的那十条金融定律，让我对金融有了更加深入的了解，也为我今后设定人生目标提供了理论上的指导。

这次活动让我懂得了不少道理，也结交了一些新朋友。欢乐的时光总是过得很快，希望以后还有这样的机会与同学一起去游学。

游学交流活动的感想与收获

2016 级金融管理　庞琳耀

“天外有天，人外有人”，世界上千千万万的人都在不断努力提高自己的高度，力求站得更高，看得更远。

我很荣幸在 11 月 11 日这天参加了学校组织的为期两天一夜的香港游学活动，时间虽然很短，但是我觉得很充实、很有意思。

第一天早上，我们早早地出发了，大家带着愉悦的心情开始了游学之旅，我们一行人着装整齐地走在路上，格外引人注目。来到香港，我们首先参观了香港科学园，了解了部分高新产品，并于科学园中形似“金蛋”的建筑前拍照留念，顺利完成了在科学园的参观活动。接着我们到了香港城市大学，参观了校园，并与同学们交流学习经验。紧接着我们到了名列世界500强的保诚公司，接受了有关金融与保险的培训，在培训中我进一步了解了金融的世界，这对我的专业学习有不少帮助。之后我们到了鲤鱼门度假村，晚上又参加了讲座，收获颇丰。早餐过后，我们参观了香港大学，在博物馆中看见了很多经过岁月洗礼留下的文物；香港大学的学习氛围令我感慨，学生们的努力上进令我进一步明白了想要成功，背后流下的汗水必不可少……在旺角购物后，我们踏上了归途，顺利完成了这次游学活动。

这次游学活动虽然让人有些疲惫，但是很有意义，带队老师也很和蔼。我将带着游学活动中的所感所获踏上学习征途，希望将来还能有机会参加这么有意义的活动。

香港游学之小感悟

2016级艺术设计　赖恩荣

感谢学校组织了这次意义非凡的香港游学活动，并给予我参与的机会，令我受益匪浅。

我很高兴可以和同学、老师们一起体验团结合作的两天集体生活。这次游学使我认识了很多人，也学到了很多东西。总的来说，这次旅行，我收获满满。

第一天，我们先来到香港科学园参观。听导游说这里最大的特色就是那个形似“金蛋”的建筑物。之后我们去了香港城市大学，学校很大、很漂亮，学生也很有礼貌、很勤奋。参观完香港城市大学后，我们去了名列世界500强的保诚公司参加培训。保诚公司是香港一家具有悠久历史的公司，非常出名，通过这次培训我学到了很多东西，特别是理财方面的知识，培训过程充满乐趣和活力。培训过后，我们来到了一个旅游度假村，环境挺不错，感觉很温馨。一个小伙伴说，这是军训后第一次聚餐，看得出他很怀念，说实话，我也很怀念一桌人一起吃饭的感觉，说说笑笑，吃得真香。饭后，我们集中在一个教室里听讲座，一位有28年教学经验的老师和我们分享他的精彩人生经历，讲座一开始，他就让我们先背熟他给出的“十项全能”定律，而且先背出来的同学还能获得奖励。以往每次遇到这种场景，我都想抢机会，可是没有勇气，只好看着那些胆大的同学得奖。这次，老师们有意识地给我机会，让我参与，我不负所望，获得了奖励。这件事情也让我变得更勇敢。讲座后是自由活动，吴老师给我们介绍了一些活动和可供欣赏的风景，有的同学打篮球，有的打羽毛球，有的去KTV，还有的去看夜景。我和两个小伙伴一起去看了夜景，香港的夜景很美，我想也许是因为我的心情也是美美的吧。

第二天的行程比较简单，我们参观了香港大学。吴老师安排了香港大学的两名学生代表带领我们参观，一路上给我们介绍著名的建筑和学校的特色。香港大学很大、很美，有很多有特色的美丽风景。通过这次游学，我们开阔了视野，增长了知识。

香港所见所闻

2016 级金融管理　潘嘉颐

这次香港游学虽然只有短短两天，但收获甚多。从参观香港城市大学、香港大学到与保诚公司的交流讲座，一路上，我们不仅学到了理财的知识，还感受到浓郁的“港味”！香港的生活节奏虽快，却有它的独特之处，港大和城大的楼道上、餐厅里、走廊边，到处都是学生，他们懂得学习，并积极制订日后的职业规划。大学里到处都是成功人士捐赠的教学楼、图书馆，而且学生可以申请借阅图书馆里没有的书，这是吸引学生来这里读书的理由之一。

保诚公司的讲座也是这次行程的亮点之一。保诚公司不是单一地卖保险，同样可以帮客户理财，包括财产分配、遗产继承，当然少不了储蓄、债券、基金等。对于我们来说，理财无疑是比较棘手的问题之一。如何规划自己的零用钱？如何赚取生活费？如何理财才能做到收入大于支出、资产大于负债，维持正现金流，增加可持续收入呢？关于这些问题，我在讲座中得到了启发。

这次游学使我明白需要自己主动学习知识，并努力挖掘和收获知识。

游学过程与感想

2018 级行政管理　李晓麟

这是我第一次去香港。从我知道自己能去游学的那一刻开始，我的整颗心就开始急速升温，充满了对这次游学的期待。

因为起得早，从出发到口岸的路上我都在睡梦中。到口岸被拍醒的那一刻，我知道离香港不远了。过关后，我们转了两趟公交车到达上大巴的地方。

去科学园的大巴上，我一边听着导游对香港的介绍，一边目不转睛地看着窗外，发现香港是一个非常文明、文化底蕴丰富的地方。我生活的珠海跟香港比起来就有点相形见绌了，因此，我心里对香港有了全新的定义。

第一站来到科学园，这里有个大大的“金蛋”。关于“金蛋”建筑物的由来，导游在车上已介绍过，可我被窗外繁华的市景吸引住了，错过了导游生动的介绍。我们以“金蛋”为背景拍了在香港的第一张集体照，下一站，香港城市大学！

香港城市大学，简称城大，是一所坐落于香港九龙塘的公立研究型大学。在学校参观时，有位女博士为我们做校内导游，让我们了解了城大的发展历史与文化理念。

这次游学，让我见识到了人才辈出的香港城市大学，见识到了高楼林立的城市，见识到了人山人海的街市。这一行让我受益匪浅！

奔赴在游学与求学的路上

2018 级行政管理　林靖东

冒着绵绵的细雨，迎着凉爽的晨风，我们踏上了香港游学的旅途。虽然早早起来困意十足，但是一想到游学，便兴奋不已。行程基本顺利，同学们互相照应，配合十分默契。

刚到香港，导游便带我们参观香港科学园。在导游的带领下，我们有秩序地参观，并且感受到了科技的发展给我们带来的便利，许多高科技可以运用到生活中，我看到一台设备，可以把湿气抽到机器里，过滤消毒杀菌后接到水龙头便可出直接饮用的水；生活上的垃圾用完，放到垃圾管中，垃圾便自动排到废料池中燃烧，燃烧的热量可以提供热气。我不禁感叹这种资源循环利用不仅不会污染环境，而且带来了生活上的方便。我们还见识了各种各样的机器人、高科技技术。下午我们参观了香港城市大学，与香港城市大学的学生交流互动，参观了教学楼、食堂、体育馆，并在食堂里用餐，体验了香港城市大学的教学生活，在与香港学生的交流中，我们感受到了他们良好的素养。他们向我们介绍了学校的每一处地方，带我们参观，与我们交流互动，虽然是周末，但我们仍然看到许多学生在自习，香港城市大学学生的学习态度值得我们学习！

香港是座金融发达的城市，在游学过程中我们聆听了两场很有意思的金融讲座，学习了“十项全能”定律，并把它记在脑子里，相信这对我们现在的学习和以后的工作都会有所帮助。同时，在游学过程中我也意识到自己的短处，还有很多要学习的地方，所以我给自己定了一个小目标，还给了自己一点压力，因为有压力才会有动力。这次游学，一路上我们学到了不少知识，也见识了很多东西，开阔了眼界，增加了阅历。

愉快充实的香港游学

2018级行政管理　肖辉林

2018年秋日的一天，我们带着愉快的心情，从学校出发去深圳皇岗口岸过关，开启了香港游学之行。首先我们去了香港科学园，香港科学园位于香港新界大埔区白石角，处于吐露港沿岸，邻近香港中文大学。然后我们去了香港城市大学，简称城大，它是一所坐落于香港九龙塘的公立研究型大学，是香港特别行政区政府资助的八所大专院校之一，由教育部列入国家重点高校名单，为中俄工科大学联盟成员高校。我们还在学校的食堂吃了午餐，认识了香港城市大学的两名学生，他们带我们游览了学校。下午去保诚公司听了一场精彩绝伦的讲座，这场讲座使我们受益匪浅。晚上去了鲤鱼门度假村，也同样听了一场精彩的讲座，“十项全能”定律使我们知道了赚钱的不易。

第二天，我们前往香港大学，简称港大，它是香港的一所公立研究型大学。我们游览了整个校园，也同样认识了两名港大的学生，他们带我们参观了里面的博物馆，由于香港大学是依山建立的，所以地势较高。

这次游学，我了解了许多不同的文化，体验了香港的闹市，观赏了香港的夜景，虽然挺劳累的，但是很充实。

边走边学的香港游

2016级艺术设计　龙琦琦

五点半，睡意正浓的我被闹钟唤醒，洗漱打扮后，马上收拾行李，穿上高跟鞋下楼。细雨伴着冷风，我拎着行李走到了集合点，拿过面包和水上了车，等待人员到齐……两日游学旅程开始了。出境、入境，抵达了我期待已久的香港！

游学第一天早上，和蔼可亲的导游带我们参观了科学园，富有特色的“金蛋”建筑物成为我们的合影地点。紧接着，我们去了香港城市大学，不知为何，让我最难忘的是学校的午饭，仅仅一小盘却深得我的喜爱，真的太好吃了。参观完学校之后，下午就去听了关于金融、理财、保险的讲座。内容丰富有趣，讲师们也激情洋溢，虽然与自己的专业关系不大，但是与我们的生活是密切相关的。理财是生活不可或缺的部分，学会理财不仅能管理自己的生活，同时也能了解香港金融体系的概况，学习如何在市场中营销，让我们能够从理论中得到思维的提升。

讲座结束前，讲师们还给我们详细介绍了营销方面的相关内容，并鼓励我们多提问题，收获更多的知识。

夜幕降临，经过了一天的学习，我们回到了度假村。吃完晚饭后，大家又听了一个关于金融的讲座。

第二天，我们去了富有代表性的香港大学，其历史悠久，本土特色深入人心。拜访参观过程中我发现一个问题，出门在外，素质和礼仪很重要，大声喧哗、嬉笑玩闹等一些小小的细节都会使我们的形象扣分。

下午旺角购物，面对琳琅满目的商品、极富特色的街巷和招牌，我们不禁拿起相机开始各种街拍，非常有“港味”。然而脚步却敌不过时间的飞速流逝，很快我们踏上了返程。

希望下次有机会，再逛一次香港大学的校园，再品一次香港的味道！

香港游学——精神与脚步同行

2016级艺术设计　何巧仪

香港是一个非常文明和具有现代化气息的地区，社会发展既能与国际接轨，又有很鲜明的本土特色。因此，充满梦幻色彩的香港是我进入大学以来一直最想去观光、学习的地方。

2016年11月11日，我终于有机会跟随暨南大学教育学院游学项目团队前往香港，多年的梦想得以实现。感受内心悸动的同时，我也用文字记录下了这两天难忘的时光。

第一天，大巴准时到达香港，亲切感十足的导游带我们步入香港，参观香港科学园和香港城市大学。

之后，我们还去了保诚公司听讲座，讲座内容虽与我的专业联系不大，但让我了解了香港金融股票市场，同时还学习了市场营销方面的知识。与很多知名教授的接触与交流更是让我获益良多。

参观了两所有名的大学，我们留下了许多欢歌笑语。当然还有各种有趣的事，这些都是我们青春纪念册上美丽而难忘的一笔。通过这次香港游学之行，我们成长了很多，希望每个人都能为自己的梦想奋斗、加油！

最后，感谢我们的带队老师和主任，让我们顺利地完成了这次游学之旅。

香港交流，趣事频频

2016级建筑工程　李志

感谢学校给了我们这次去香港游学的机会。香港虽然不大，但它是国际金融中心、贸易中心和航运中心，富裕而发达。

在这短短的两天里，我既开阔了视野，也增长了见识，懂得了很多香港的文化和历史，对香港从陌生到熟悉，这都得益于导游耐心的讲解。

刚到香港，我觉得香港非常整洁，看不到垃圾，也看不到污水。行人看上去都特别友好、热情。年纪大的阿姨都化着淡妆，颇有气质，这也是一种礼仪。

因为香港地少人多，所以建筑师们普遍把楼建得很高，就连室内的设计也是不浪费每一平方米。我是学建筑的，对这方面颇有兴趣。我观察了很多地方，发现香港的房子基本是没有阳台的，由于房价的问题，带阳台的房子是真正有钱的人才住得起的，而落地窗恰好弥补了没有阳台的缺陷。

这次香港游学我们总共听了两个讲座，从中我们学到了很多理财观念、投资理财知识等。

接下来要谈谈参观香港大学的感想，那简直就是一个博物馆！香港大学里面有各种文物，唐彩釉、青花瓷、黄花梨……看得我们眼花缭乱。

这次香港游学非常愉快，我要感谢老师的带领和同学们的陪伴。

游学心得

2016级会计学　骆颖诗

我很荣幸能够参加学校组织的第十三届香港游学活动，这是我第一次参加游学，很感谢老师能给我这次机会。

在这次游学中，我不仅认识了一些新朋友，还学到了不少东西，最重要的是懂得做好一件事情，先要学会守时。这次行程因为个别同学不守时，耽误了许多时间，不然我们能参观更多景点。

这次游学我们去了香港科学园、香港城市大学、保诚公司、鲤鱼门度假村、香港大学和购物中心——旺角。科学园是专门为一群有创意的人创立的，我觉得有这样一个平台真好，能提高香港的创新能力。到了香港城市大学，我们跟随两位在校学生参观了校园，走过学生自习的地方，我的第一感觉就是安静，很有学习氛围。学校里面除了有学习的地方还有放松的地方，那就是天台，在天台能看到美丽的香港市景，这种感觉真的很不错。参观完香港城市大学，我们到保诚公司听讲座，这个讲座主要教我们怎样理财。讲座内容使我受益匪浅。

讲座结束后我们就去了住宿的地方——鲤鱼门度假村，那里风景优美，空气清新，能有一个空气这么好的地方很难得，在晚上能看到香港的夜景，简直棒极了。晚饭后有一个讲座，由汉斯财经教育的一位老师给我们讲一些金融方面的知识，让我记忆深刻的是十条定律：一生何求、二大原则、三种支出、四类收入、五环紧扣、六六无穷、七十二定律、八面玲珑、九出十三归、十一储蓄，而这十条里我记忆最深刻的就是九出十三归了。讲座后就是自由活动时间，同学们可以一起玩，增进感情。充实的一天就这样结束了。

第二天我们去参观了香港著名的大学——香港大学。这所大学有一个博物馆，里面藏有很多文物，还有一座庄月明楼，外观设计得很漂亮，楼梯的设计很有特色。香港大学有一个很宽敞的空中花园，他们的图书馆外形跟我们学校的有点像，学校与图书馆之间有一座空中桥，很壮观！

参观完香港大学后，这两天的游学行程基本上就结束了。能参加这次游学真的很开心，能认识不同的新事物，结识更多的同学，我想这是我受益最多、最难忘的一次行程。很感谢邹主任这两天对我们的照顾，同时还要感谢吴教授为我们安排这次行程。

我希望还能参加下一次游学活动，认识更多的新事物，学习更多的新知识。

赴香港游学感想

2018 级行政管理　*顾夕嘉*

学校给了我一个去香港游学的机会，我深感荣幸。

这次游学活动共两天，活动包括参观历史悠久的香港大学及香港城市大学，我们熟知的孙中山先生就是毕业于香港大学。

大家都知道，如果在香港随地乱丢垃圾，最高可处罚 1 500 元港币，所以在整个过程中我都很注重卫生。

集体出来游玩，团队意识是很重要的，要做到不掉队、不拖拉、准时集合、遵守纪律等。总而言之，我们记住了老师经常说的一句话：“我们是团队，每个人都是不可或缺的一分子。”

然而愉快的时光总是过得很快。这次香港游学使我成长了很多，独立生活的能力、文明礼仪的应用、团队意识都有了很大的提高。

我要真诚地感谢学校，因为他们的认可，我才获得了这次宝贵的香港游学机会。我还要感谢带队老师和随行的同学给予我无微不至的照顾和关怀，正是因为有他们，我的游学之旅才玩得尽兴，学得开心。希望学校能把这种活动继续开展下去，让更多的同学走出校园，认识香港，了解香港！

香港交流学习感想

2016级会计学　郑俊荣

我们一行人来到香港游学，看到了很多先进的东西，增长了见识。

第一天，虽然过关的时候排队很久，也遇到了一些困难，但最后我们都一一克服了，排除万难的我们终于来到了香港。抵港后，我们参观了香港城市大学并在那里享用了午餐。然后我们去保诚公司参加了培训，学习了许多有关保险和理财投资的知识，也了解了保诚公司的历史。培训结束后我们到鲤鱼门度假村休息，在那里我们享用了一顿丰盛的晚餐。晚上，我们又听了一位资深的金融老师的讲座，这场讲座使我受益匪浅，让我明白了如何正确理财和安排自己的资金。我还和朋友去打了台球，一起去山顶看风景，这一天我们过得非常充实。

第二天，我们参观了香港大学。香港大学是一所拥有十个学院及一个独立研究院的综合型研究大学，是香港第一所高等教育机构。其前身是1887年成立的香港西医书院，1912年正式办学，可谓历史悠久。学校有许多外国人，其中德国人占多数。这次的参观让我们感受到了香港的校园文化。最后，我们一起去旺角购物，香港的街道是非常干净的，基本上没有垃圾，这让我明白了公民的素质就是从细节上体现的。

这次香港游学，我们学到了很多知识，不枉此行。

2015 级商务管理　盘云龙

2015 级金融管理　唐华荣

2015 级金融管理　梁胜鑫

2015 级金融管理　罗文豪

2016 级金融管理　庞琳耀

2016 级金融管理　贾璐

2016 级金融管理
陈雯慧

2016 级金融管理
黄俊杰

2017 级人力资源
张丽珍

2017 级人力资源
张卓君

2017 级人力资源　梁文馨

2017 级会计学　杨淑慧

2017 级会计学　胡嘉燕

2017 级会计学　黄欣雯

2017 级工商管理　韩会勤

2017 级工商管理　孙义翔

2018 级行政管理
梁恩泽

2018 级金融管理
江吕杰

2018 级金融管理
欧子明

2018 级金融管理
产鑫玉

三、学院明星榜

（一）哈佛世界模拟联合国会议中国队首席代表

暨南大学教育学院2016级金融管理专业黄俊杰同学成功通过2017年哈佛世界模拟联合国会议（Harvard World Model United Nations）面试，成为尼森模联代表的一名成员。

哈佛世界模拟联合国会议，简称哈佛世界模联（Harvard World MUN），是全球国际化程度最高的模拟联合国会议，被称为“模联中的奥林匹克”。

1992年哈佛世界模拟联合国会议首次在波兰举办，25年间，哈佛世界模联走遍了六大洲25个不同的城市，新加坡、日内瓦、北京、海牙和埃及的沙姆沙伊赫海滩等都曾有哈佛世界模联的足迹。每年有超过115个国家的2 000余名代表参与其中。

2017年哈佛世界模拟联合国会议在加拿大蒙特利尔举办，与当地蒙特利尔大学模拟联合国协会通力合作，努力呈现一场国际模联盛会。

黄俊杰同学表现不凡，荣获中国队首席代表殊荣。

TORONTO
Mayor John Tory
Speaker Frances Nunziata
Deputy Speaker Shelley Carroll

（二）体育健儿

参加暨南大学第四十三届校运会获奖运动员：刘宏兴（中），男子三级跳远第一名、男子跳远第二名；林荣华（左二），男子铅球第一名；黄耀斌（左一），男子1 500米跑第二名；陈淑珊（右二），女子三级跳远第二名；梁小仙（右一），女子跳远第四名。

四、开学与毕业典礼

（一）开学典礼

开学典礼 1

开学典礼 2

开学典礼 3

（二）毕业典礼

学生毕业照 1

学生毕业照 2

学生毕业照3

学生毕业照4

五、缤纷校园

（一）军训生活

抬头挺胸习列队

站军姿，行军礼

阅兵方阵

我来试试

军训晚会

军训结束合影

（二）名师讲座

（三）实践课程

艺术设计基础——手工制作

建筑工程——测量课

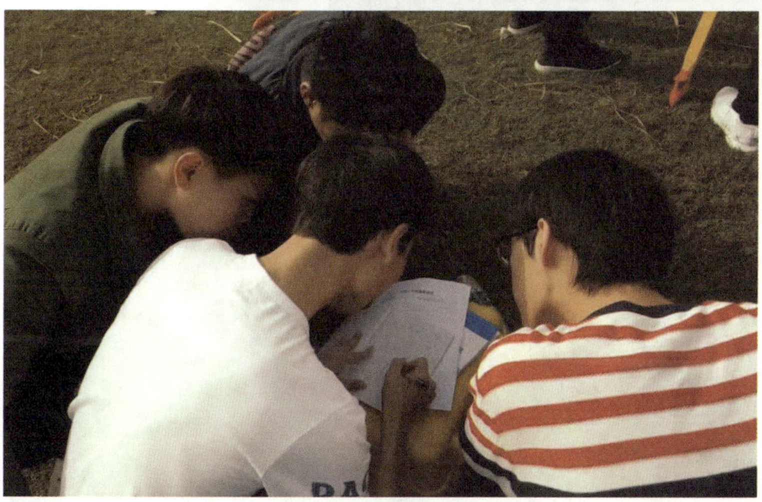

（四）参观省博物馆

（五）参观黄埔军校

（六）港澳游学

香港城市大學
City University of Hong Kong

香港大学

澳門大學
UNIVERSIDADE DE MACAU

香港大學
THE UNIVERSITY OF HONG KONG

HKUST
BUSINESS SCHOOL
WORLD CLASS IN ASIA

澳門大學伍宜孫圖書館

（七）特色课程

外教口语课

马术课

垒球课

网球课

（八）文体活动

社团活动

校园十大歌手决赛

篮球赛

元旦晚会

荧光夜跑

校运会

（九）辩论赛

（十）社团公益活动

慰问老人，献爱心

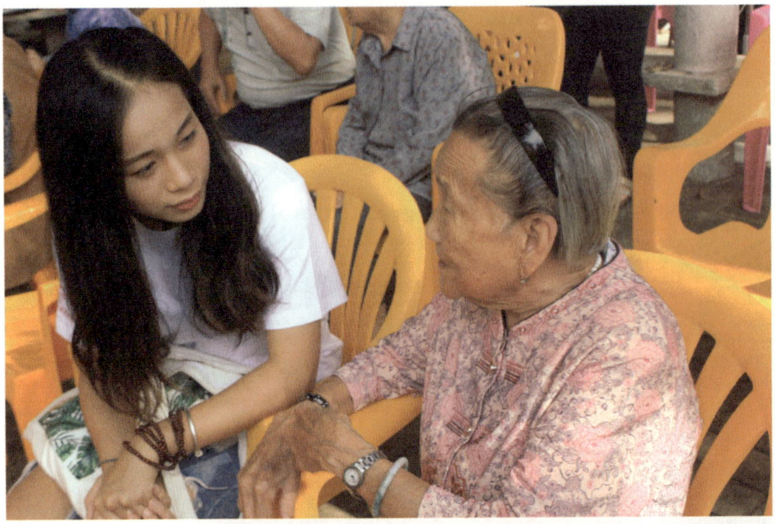

下乡支教，乐在其中

勤学 博学 善
关于感恩
GAO DI JIE

暨南大学教育学院

暨南大学教育学院“三下乡”支教实践活动

那拿小学
暨南大学教育学院

（十一）主题班会

成绩优秀学生表彰
第五名

SUN SHINE
产品介绍 / Products
第一组 零食综合症
第二组 Sun Shine

（十二）共青团、学生会活动

任命新一届干部
2015年联

优秀部员

暨南大学教育学院
优秀部门
团委学生会

六、领导关怀

罗定主任受到泰国著名侨领、泰国华人青年商会会长李桂雄（右）接见并合影

罗定主任接领泰国国家立法会议长素拉猜博士（右）颁发的“海外顾问”证书

罗定主任与国务院侨办港澳司领导（左）合影

罗定主任受到国务院侨办张健青司长（右）接见并合影

罗定主任受到广东省应急管理厅厅长王中丙（左）接见并合影

罗定主任受到广东省人大常委会副主任罗娟（右）接见并合影

罗定主任受到潮州市委书记刘小涛（右一）接见并合影

罗定主任受到广东省人民政府副秘书长魏宏广（中）接见并合影

七、国际交流

合作团队

合作团队

合作团队

欢迎泰国曼谷皇家理工大学来访
Welcome scholars of Rajamangala University of Technology Krungthep

合作团队

罗定主任访问阿根廷布宜诺斯艾利斯大学

罗定主任访问俄罗斯莫斯科大学

罗定主任访问美国纽约市立大学

罗定主任访问秘鲁国立农业大学

罗定主任受到美国著名侨领、洛杉矶中华总商会会长庄佩源先生（右）接见并合影

罗定主任与美国联邦法院首位终身任职华人法官刘成威先生合影

罗定主任访问秘鲁利马大学

罗定主任访问秘鲁利马大学

罗定主任与莫斯科大学教授（右）合影

罗定主任与泰国著名侨领、泰国华人青年商会会长李桂雄（左）合影